中国石油大学(北京)"重点马克思主义学院建设丛书系列"

重点马克思主义学院建设丛书系列

"共同富裕"的媒介话语变迁研究

赵丹丹　赵秀凤◎著

光明日报出版社

图书在版编目（CIP）数据

"共同富裕"的媒介话语变迁研究 / 赵丹丹，赵秀凤著. -- 北京：光明日报出版社，2025.4. -- ISBN 978-7-5194-8699-0

Ⅰ. F124.7；G219.2

中国国家版本馆 CIP 数据核字第 20251YM089 号

"共同富裕"的媒介话语变迁研究
"GONGTONG FUYU" DE MEIJIE HUAYU BIANQIAN YANJIU

著　　者：赵丹丹　赵秀凤

责任编辑：张　丽　　　　　　　责任校对：刘兴华　李佳莹
封面设计：中联华文　　　　　　责任印制：曹　净

出版发行：光明日报出版社
地　　址：北京市西城区永安路 106 号，100050
电　　话：010-63169890（咨询），010-63131930（邮购）
传　　真：010-63131930
网　　址：http://book.gmw.cn
E - mail：gmrbcbs@gmw.cn
法律顾问：北京市兰台律师事务所龚柳方律师
印　　刷：三河市华东印刷有限公司
装　　订：三河市华东印刷有限公司
本书如有破损、缺页、装订错误，请与本社联系调换，电话：010-63131930

开　　本：170mm×240mm
字　　数：174 千字　　　　　　印　　张：13.5
版　　次：2025 年 4 月第 1 版　　印　　次：2025 年 4 月第 1 次印刷
书　　号：ISBN 978-7-5194-8699-0
定　　价：85.00 元

版权所有　　翻印必究

前　言

共同富裕历来为中国人民所孜孜追求。中国共产党自成立以来就肩负着实现共同富裕的历史使命，在革命、建设、改革的各个历史时期，始终站在人民立场上，倾听人民呼声，努力推动社会公平正义，实现人民共同富裕。人民大众及中国共产党的双重重视推动共同富裕不可避免地成为新中国官方媒介话语宣传体系中的重要构成要素。本研究以党中央机关报《人民日报》中"共同富裕"话语为研究对象，通过跨学科综合分析方法、语料库与话语分析方法的有机结合，探究中国共产党如何运用媒介话语在不同历史时期，不同政治、经济和文化背景下建构共同富裕相关概念，进而从纵向的历史发展演进中观察、描绘媒介话语中"共同富裕"的话语策略、内涵、意义变迁图谱。

古往今来，人民群众对共同富裕的理解在不同的历史背景下有着不同的体现。共同富裕的理念源远流长，早在古代社会就已经有不少文人雅士对共同富裕进行探讨，尤其在道德文化、农民起义和社会改革等方面，如"天下大同""小康""均贫富"等。近代以来中国共产党人在继承传统思想基础之上，充分吸取马克思主义关于共同富裕的科学思想，形成了具有中国特色的共同富裕理论，并在之后的马克思主义中国化的发展历程中日益完善。与时俱进、不断发展的共同富裕理论为本研究——"共同富裕"的媒介话语奠定了思想基础，丰富着"共同富裕"

的媒介话语资源。

　　结合重大历史事件以及新中国成立后的中国社会发展阶段划分对《人民日报》中以"共同富裕"为主题的报道进行语料分析，媒介"共同富裕"话语大致可分为四个各具特色的阶段，将费尔克拉夫的三维分析框架分别应用于各阶段的具体分析中以呈现共同富裕在不同历史时期的建构策略与建构内容，在历史的流转变迁中熟悉明确共同富裕这一思想理念。首先，在新中国成立至改革开放这一时期，为适应民众文化水平较低的现状，《人民日报》的"共同富裕"话语建构以"通俗性"策略为主，将共同富裕同社会主义、社会主义制度等紧密捆绑在一起，共同富裕话语建构旨在巩固新生政权，推动社会稳定发展，同时在发展中提倡脚踏实地，集体致富。其次，在改革开放之后的24年里，随着经济的腾飞、教育的普及以及各行各业的有序发展，《人民日报》在"共同富裕"话语表达中转变"通俗化"策略为"规范化"话语策略，共同富裕不再被限定于集体之中，普遍富裕基础上的差别富裕成为这一时期对共同富裕的重新解读。共同富裕的话语表达方式及内涵随着时代变迁在发生变革。再次，进入21世纪，面对新问题，这个时期媒介"共同富裕"话语强调对现实问题的关注与解答，富裕基础之上的共同得到了再次回归。在民众对共同富裕的怀疑与疑问中，媒介"共同富裕"话语借助较为客观的表达传播政府的宏观调控举措及党政干部的为民行动，塑造着政府的为民形象，表明社会主义中国必然能够实现共同富裕。最后，在全面建成社会主义现代化强国的第二个百年奋斗目标新征程中，本书通过"意动性"策略分析媒介"共同富裕"话语，强调共同富裕需要全体人民的共同努力，媒介话语积极动员党政干部以及普通民众全部行动起来，将对未来美好的共同富裕憧憬转变为当下的具体的奋斗实践。

　　借助具体的语料，从不同时期媒介"共同富裕"话语的表达方式及表达内容中梳理共同富裕的发展脉络，共同富裕呈现方式越加客观、全面、公正。总的来说，尽管新中国成立后，共同富裕的发展经历了不同的阶段和演变，内涵特点、表达等也随之变化，但无论在哪个阶段，中国共产党都坚持把人民的利益放在首位，不断探索和实践实现共同富裕的途径和方法，为推动中国经济社会全面发展，实现全体人民共同富裕的目标做出了卓越的贡献。共同富裕理念永远是中国共产党治国理政的核心理念，也是中国现代化建设的根本目标。期待能够通过这一研究为读者传递一个更加清晰的认识，即既要正确认识理解共同富裕的阶段性、过程性特征，又要直面当下，在中国共产党的带领之下踔厉奋斗，助力共同富裕实现。知所从来，思所将往，方明所去，要思考也要实践，要憧憬也要奋斗，奋斗是拉近共同富裕理想与现实的唯一之策。

目 录
CONTENTS

第一章 绪 论 ·· 1
  一、研究背景 ··· 1
  二、研究现状 ··· 8
  三、关键概念 ··· 14
  四、研究方法 ··· 21

第二章 通俗质朴的"共同富裕"话语：社会主义制度的确立与巩固（1949年10月—1978年12月） ······················· 25
  一、社会主义革命与建设期"共同富裕"报道概貌 ············· 27
  二、话语文本：共同富裕的文本表征制造 ···························· 33
  三、话语实践：共同富裕的互文性建构 ······························· 52
  四、社会实践：共同富裕与社会变革 ··································· 58
  本章小结 ··· 68

第三章 先后差别的"共同富裕"话语：改革措施及其表征方式转变（1978年12月—2002年11月） ⋯⋯ 71
 一、改革开放浪潮中"共同富裕"报道概貌 ⋯⋯ 73
 二、改革开放浪潮下共同富裕的时代内涵 ⋯⋯ 76
 三、差别的"共同富裕"话语与社会的互动 ⋯⋯ 88
 本章小结 ⋯⋯ 95

第四章 主旨回归的"共同富裕"话语：新形势新发展下的传播调试（2002年11月—2020年12月） ⋯⋯ 98
 一、主旨回归阶段"共同富裕"报道概貌 ⋯⋯ 100
 二、共同富裕文本及其话语实践：政府形象的塑造 ⋯⋯ 104
 三、社会实践：新形势、新发展下"共同富裕"话语与社会的互动 ⋯⋯ 116
 本章小结 ⋯⋯ 125

第五章 扎实推进的"共同富裕"话语：以现代化为目标的媒介动员（2021年1月—2022年11月） ⋯⋯ 127
 一、作为媒介动员方式的"共同富裕"话语 ⋯⋯ 129
 二、作为动员分析之理论资源的意动叙述 ⋯⋯ 131
 三、媒介动员背景下勤劳创新型"共同富裕"话语的意动性建构 ⋯⋯ 134
 本章小结 ⋯⋯ 141

第六章 结 语 ⋯⋯ 143
 一、"共同富裕"话语内涵的变迁 ⋯⋯ 143

二、"共同富裕"话语的建构策略 …………………………… 148
三、中国推动共同富裕的使命必然 …………………………… 153

参考文献 ………………………………………………………… 158
附录　研究样本概览清单 …………………………………… 165

第一章

绪 论

一、研究背景

共同富裕的一大特征即内涵丰富、历史悠久且具有广阔发展前景，在历史的滚滚长河之中共同富裕被不断赋予更多新内容、新生命以及新灵魂。共同富裕的常谈常新性使得其不论在哪一个时间维度，始终是人们密切关注的重要理论与现实课题。在中国古代社会中，人民对共同富裕的期许主要存在于大同社会的理想、均平社会的期盼等思维意识层面，共同富裕漂浮于社会现实之上，具有悬浮性、缥缈性、虚无性。随着社会历史的变迁与发展，尤其是中国共产党成立之后，中国对共同富裕的探索发生了根本性的变化，开始有了科学的理论指导，开始在马克思主义理论指导之下结合中国具体实际探寻中国共同富裕发展新思路，共同富裕的实践性、务实性特征开始日益显现。经过革命、建设、改革相当长一段时间的发展之后，中国迎来新时代，踏上新征程，面对新的时代与新的境遇，共同富裕顺理成章、应然成为当前阶段的重要发展目标与行动纲领，成为解决中国当前社会问题、推动中国社会发展的重要战略举措。恩格斯说："一个民族要想站在科学的最高峰，就一刻也不能没有理论思维。"① 借助官方媒介回顾共同富裕的媒介话语变迁是追溯共同富裕发展历程科学有效的方法与路径，用官方的声音解读官方的话语意涵，从中发掘人民群众对共同富裕的政治认同、理论认同与情感认同的变化曲线，坚定人民群众对实现共同富裕目标的信心与动力，并从基础理论上为中国新时代的共同富裕实践提供理论支撑。

（一）理论维度：共同富裕思想的日益完善

共同富裕是全人类所共同期盼的美好理想，也是社会主义事业发展的不懈追求。共同富裕思想蕴含于中华优秀传统文化、马克思主义相关思想以及中国共产党的共同富裕思想之中，长久以来的社会发展推动着共同富裕思想日益完善。

第一，植根中华大地，共同富裕在中国有着悠久的历史渊源，自古有之的共同富裕有着其内在的历史文化基因，一定程度上可以说共同富裕是中华文化话语与思想的重要展示。诸子百家时期是中华文化发展的繁盛时期，这一时期所出现的诸多优秀思想文化在中国几千年文明史的发展进程中得到代代传承与延续。这一时期儒家的"大同社会"（《礼记·礼运》）推崇天下为公的思想，强调权力及财务的公有；道家的"天道无为"（《老子》），强调依据自然规律实现"损有余而补不足"而非"损不足以奉有余"（《老子》），体现古代社会人民对平衡发展、淳朴生活、安居乐业、小国寡民的追求；法家的"与天下同利"（《管子》）强调和天下人共享利益，既从分配层面突出人民对均平的期盼，也体现着那一时代深厚的民生思想；墨家的"兼爱非攻"（《墨子·兼爱》）主张和平友好反对非正义的战争，这正是实现共同富裕的最基础所在；农家的"并耕而食"（《孟子·滕文公上》）强调合理分工、

---

① 中共中央马克思恩格斯列宁斯大林著作编译局. 马克思恩格斯选集：第4卷 [M].
北京：人民出版社，2012：934.

共同劳动，劳心和劳力是劳动的不同种类，通过各尽所能实现共同富裕。由诸子百家时期流传下来的诸多思想无不体现着中国人民对于共同富裕的向往与追求，推动着共同富裕在中国封建社会的发展，并日渐成为今天共同富裕继续发展的文化之根。

第二，马克思主义的共同富裕思想科学指导着中国的共同富裕实践。首先，马克思恩格斯从物质生活层面出发，强调只有通过物质生产才能满足人的生存需要，进而才能够实现更好的生活，即实现衣、食、住、行等自由之后才能够去从事政治、经济、教育、文化等各类活动。从结果层面而言，这同我国古代社会所强调的"仓廪实而知礼节，衣食足而知荣辱"（《管子·牧民》）有着相同的意味。但马克思主义在这里更加强调物质生产这一大前提，提出运用唯物史观的原理来考察、分析社会历史，进而在此基础之上分析社会层面的贫富问题，从而为正确认识不同历史时期的贫富问题提供科学的方法。其次，马克思主义基于资本主义社会大发展的时代背景对物质生产以及劳动过程进行了深入分析，指出资本主义发展尽管推动了生产方式的进步，但最终结果是"劳动为富人生产了奇迹般的东西，但是为工人生产了赤贫。劳动生产了宫殿，但是给工人生产了棚舍"[1]。生产力大发展而贫富分化也愈演愈烈，马克思和恩格斯由此揭示了资本主义生产关系和贫富分化的内在联系，指出只有坚持站在人民立场去发展生产力，坚持生产资料全民所有制，坚持社会主义制度才能消除阶级与贫富的对立，才能实现共同富裕。最后，马克思恩格斯在论及社会主义时常用"一切社会成员""全体人员""所有人"等来表示社会主体对象，在一些文本中更是直接谈

---

[1] 中共中央马克思恩格斯列宁斯大林著作编译局. 马克思恩格斯选集：第1卷 [M]. 北京：人民出版社，1995：43.

道，社会主义制度之下"生产将以所有的人富裕为目的"①"所有人共同享受大家创造出来的福利"②"人人也都将同等地、愈益丰富地得到生活资料、享受资料、发展和表现一切体力和智力所需的资料"③"保证一切社会成员有富足的和一天比一天充裕的物质生活"④。总体而言，马克思主义所强调的共同富裕就是在社会主义制度之下实现的全体人民的富裕，是每个社会成员自由全面发展的共同富裕，是不断推进的、动态的、历史的共同富裕。

第三，中国共产党对共同富裕的理论探索不断增强。中国共产党首次提出共同富裕是在毛泽东同志关于农业互助合作两次谈话之后通过的《中共中央关于农业生产互助合作的决议》之中，决议强调要"使农民能够逐步完全摆脱贫困的状况而取得共同富裕和普遍繁荣的生活"⑤。这一时期《人民日报》中开始陆续出现同农民、农业、合作社和共同富裕相关的报道。邓小平同志在执政期内结合当时国情进一步探索符合中国实际的社会主义道路，积极推行改革开放，在不断地解放与发展生产力中帮助人民群众摆脱贫困，全面建设小康社会，进而实现共同富裕。江泽民同志在执政期内继续深化对共同富裕的认识，既重视富裕又强调共同，提出同时兼顾效率与公平，这一时期的共同富裕强调"既鼓励先进，促进效率，合理拉开收入差距，又防止两极分化，逐步实现

---

① 中共中央马克思恩格斯列宁斯大林著作编译局. 马克思恩格斯全集：第31卷 [M]. 北京：人民出版社，1998：104.
② 中共中央马克思恩格斯列宁斯大林著作编译局. 马克思恩格斯选集：第1卷 [M]. 北京：人民出版社，1995：243.
③ 中共中央马克思恩格斯列宁斯大林著作编译局. 马克思恩格斯选集：第1卷 [M]. 北京：人民出版社，1995：11.
④ 中共中央马克思恩格斯列宁斯大林著作编译局. 马克思恩格斯选集：第3卷 [M]. 北京：人民出版社，1995：633.
⑤ 《当代中国农业合作化》编辑室，黄道霞，余展，等. 建国以来农业合作化史料汇编 [M]. 北京：中共党史出版社，1992：171.

共同富裕"①。贫穷不是社会主义，社会主义最终要实现全体人民的共同富裕，这一进程之中始终坚持以共同富裕为目标，将"提低、扩中"作为重要途径贯穿全流程。胡锦涛同志在执政期内强调继续坚持走共同富裕道路，首次将共同富裕道路同人的全面发展联系起来，同时延续邓小平同志南方谈话思想，强调"加大再分配调节力度，着力解决收入分配差距较大问题"②。进入新时代以来，以习近平同志为主要代表的中国共产党人将共同富裕摆在了更加重要的位置，强调立足时代深化共同富裕认识，对于这一时期共同富裕内涵做出了更为全面、详细的表述。共同富裕"是全体人民通过辛勤劳动和相互帮助，普遍达到生活富裕富足、精神自信自强、环境宜居宜业、社会和谐和睦、公共服务普及普惠，实现人的全面发展和社会全面进步，共享改革发展成果和幸福美好生活"③。

　　站在新的历史方位，从理论层面回顾共同富裕发展历程，不难发现，经过几千年的演进，共同富裕不仅扎根于中华优秀传统文化，也深受马克思主义理论浸润，具有鲜明的科学性特征。新中国成立之后，中国共产党坚持将马克思主义同中华优秀传统文化相结合，坚持走符合中国国情的马克思主义中国化发展道路，具有中国特色的共同富裕理论由此日益完善发展，为新时代中国社会共同富裕的发展发挥重要的理论指导作用，也正是由于共同富裕理论日益丰富、日益完善，才使得当前《人民日报》对共同富裕的理论报道日渐增多，传播越加广泛，渗透效果越加明显，这也使得借助官媒《人民日报》这一媒介去研究共同富裕的媒介话语表达与变迁极具理论与现实意义。

---

① 江泽民. 江泽民文选：第1卷 [M]. 北京：人民出版社，2006：227.
② 胡锦涛. 胡锦涛文选：第3卷 [M]. 北京：人民出版社，2016：624.
③ 中共中央国务院关于支持浙江高质量发展建设共同富裕示范区的意见 [M]. 北京：人民出版社，2021：2.

（二）现实维度：新时代社会发展的必然目标

新时代我国发展进入新阶段，世界迎来新变局，站在"两个一百年"奋斗目标的历史交汇期，党和国家更加清醒地认识"两个大局"，奋力开启中华民族伟大复兴战略全局新征程，在世界百年未有之大变局中谋划自身发展，妥善应对国际国内的复杂、困难局面，谋定而后动，"更加主动办好自己的事情"①。伴随中国脱贫攻坚与全面小康任务的顺利完成，中国自己的全面建设现代化国家的征程已然起航，这一时期全面推进共同富裕已然成为当代中国特色社会主义事业发展的必然选择，共同富裕作为重要战略目标也因此被放置于更加重要的历史地位。

第一，共同富裕是新时代中国特色社会主义发展的必然要求。"共同富裕是中国特色社会主义的本质要求"②，社会主义的本质就是要"解放生产力发展生产力，消灭剥削、消除两极分化，最终达到共同富裕"③。共同富裕充分体现社会主义的优越性所在，是科学社会主义理论的核心思想内容和重要价值诉求，是社会主义的本质要求和根本原则。共同富裕在中国的推进与提倡同中国的国家性质、发展方向紧密相关。中国坚持走社会主义道路，坚持马克思主义理论指导的坚定性决定了中国特色共同富裕道路的必然性。就国家层面而言，共同富裕不仅是人民群众对美好生活的期盼，更是我国社会主义事业发展的本质和目标所在，是社会主义市场经济有序发展的内生结果，同时也是推动社会稳定发展的重要保障，新时期谋求新发展、追求高质量的时代要求，是党和国家把握方向道路、科学认识社会主义发展规律和社会主义市场经济

---

① 杜尚泽."最重要的还是做好我们自己的事情"[N].人民日报，2019-05-23（2）.
② 习近平.高举中国特色社会主义伟大旗帜　为全面建设社会主义现代化国家而团结奋斗：在中国共产党第二十次全国代表大会上的报告[M].北京：人民出版社，2022：22.
③ 胡绳.胡绳全书：第3卷：上[M].北京：人民出版社，1998：231.

运行机制所做出的必然决策。共同富裕在中国既与经济相关，又同政治、社会、民生等紧密联系，在未来的社会中，生产力将迅速发展，生产将以所有人的富裕为目的。社会历史发展表明，私有制条件下必然会产生贫富悬殊、两极分化。而社会主义作为人类发展史上的一个全新阶段，由于公有制主体地位的确立，使得消灭剥削，消除两极分化，最终实现共同富裕成为可能。

第二，全面建成小康社会为共同富裕的推进奠定坚实基础。中华人民共和国历经 70 多年的建设、改革与发展，终于在建党 100 周年之际实现了全面建成小康社会，完成了第一个百年奋斗目标，也是在这一时期中国国内生产总值总量首次超过了 100 万亿元人民币大关，人均 GDP 达到了 1.1 万亿元，历史性地超过了世界平均水平，并且在中国部分发展较为迅速的地区，人均 GDP 甚至已经达到了世界上发达国家的水平。一方面，就物质层面而言，全面小康意味着中国的经济实力得到了较大程度的提升，人民基本生活水平得到了显著的提升。另一方面，中国全面小康的实现不仅使中国人民拥有更多的机会和福利，推动中华民族伟大复兴中国梦向前迈出一大步，同时全面小康更是向全世界彰显了社会主义强大的生命力和战斗力，为世界上其他发展中国家提供了发展经验与借鉴。全面建成小康社会印证了中国走社会主义道路的科学性与正确性，也为第二个百年奋斗目标中所强调的推进全体人民共同富裕提供了坚实的经济基础。

第三，新时代社会主要矛盾的变化需要将共同富裕放置于更加重要的战略位置。改革开放以来，得益于政策支持，我国生产力得到迅猛发展，人民生活水平得到极大改善，在"效率优先、兼顾公平"发展原则之下，中国一部分人民、一部分地区发展尤为迅速，部分地区和人民已由贫困转变为富裕，而这种部分的富裕也使得不平衡现象越加突出，中国的贫富差距、区域差距等日益扩大，因而党的十九大报告正确分析当前中国社会现状，直接鲜明指出："中国特色社会主义进入新时代，我国社会主要矛盾已经转化为人民日益增长的美好生活需要和不平衡不充分的发展之间的矛盾。"① 社会快速发展进程中出现的居民收入分配不平衡、城乡发展不均衡、区域发展不协调、公共服务不均、经济同生态不同步等比例关系不合理、包容性不足、可持续性不够的问题成为社会主义现代化进程中的阻碍与荆棘，这一时期从大局出发调整国家发展战略，推进共同富裕不可避免地成为解决不平衡不充分问题的重要良方，既符合社会历史发展潮流，又符合马克思主义唯物史观和辩证唯物主义，也具有扎实的经济、制度和实践基础。

二、研究现状

（一）关于共同富裕的研究

共同富裕历来是社会主义研究的重点，改革开放以来，尤其是邓小平"南方谈话"提出共同富裕是社会主义本质要求之后，国内对共同富裕的研究较以往开始逐步增多。进入新时代，伴随全面小康和脱贫攻坚的胜利完成，共同富裕更成为新发展阶段的一个热点课题，自此学界对共同富裕的相关研究开始迅速攀升。CNKI 中国知网数据结果显示，截至 2024 年 4 月 10 日，检索"共同富裕"四字得到的结果接近 47715 余条。通过计量分析得出的发表年度趋势表，我们能够直观看到学界对共同富裕研究的年度变化，如图 1-1 所示。

---

① 习近平. 决胜全面建成小康社会 夺取新时代中国特色社会主义伟大胜利：在中国共产党第十九次全国代表大会上的报告 [M]. 北京：人民出版社，2017：11.

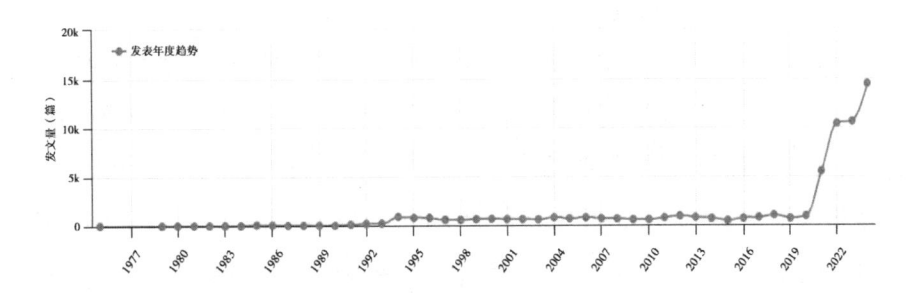

图 1-1　CNKI 共同富裕文章年度发表趋势

综合分析当前诸多的共同富裕相关文章发现，当前学界对共同富裕的研究大多围绕是什么、为什么、怎么办这一思维逻辑展开，即通过共同富裕的理论内涵、共同富裕的生成逻辑、共同富裕的实践路径以及其他相关研究等维度对共同富裕进行深度分析。首先，共同富裕的理论内涵的相关研究。马丽、金梁用全民、全面、共建、渐进四个词来形容共同富裕内涵，强调共同富裕主体是全体人民，共同富裕内容覆盖物质、精神、社会等各方面，共同富裕的推进需要全民行动，共同富裕的实现过程具有规律性，要认清阶段，有序行动。① 刘俊显、张崇旺强调从时代出发，立足中国式现代化语境科学认识共同富裕的内涵，指出共同富裕是三组对立词的统一，即共建与共享相统一的全民富裕、物质与精神相统一的全面富裕以及尽力与量力相统一的渐进式富裕。② 王金、孙迎联从主体、内容、方式以及样态等四个方面对精神生活共同富裕的内涵进行界定，指出精神生活共同富裕是共同富裕重要的组成部分，精神生活共同富裕同样要面向全体人民，要全面联动精神性活动，包括精神生

---

① 马丽，金梁. 新时代共同富裕的生发逻辑、理论内涵、实践路径［J］. 湖北社会科学，2023（5）：79-87.
② 刘俊显，张崇旺. 中国式现代化赋能共同富裕的科学内涵、生成逻辑和当代实践［J］. 学术探索，2023（4）：17-23.

产、精神交往、精神消费、精神享受等；在实现方式上，精神生活共同富裕强调主体能动性，尤其指出共谋与共评；另外，精神生活层面的共同富裕同样也是长期性和阶段性的渐进统一。① 陶希东论及共同富裕时更为强调共同富裕自身鲜明的政治性和连续性、发展性和过程性以及公平性和科学性。② 其次，共同富裕的生成逻辑相关研究。当前学界对共同富裕的生成逻辑大多依据理论逻辑、历史逻辑以及实践逻辑三个维度展开分析。崔海英指出共同富裕生成的历史逻辑主要积淀于中华优秀传统文化的思想底蕴，理论逻辑主要浸润于马克思主义人民性、开放性和先进性等鲜明特质之中，实践逻辑强调淬砺于中国共产党艰辛探索的奋斗征程中。③ 关祥睿、张航认为共同富裕的生成源于马克思主义的出场，马克思、恩格斯对资本主义社会弊病进行了深刻的批判，对社会主义思想传统进行深层反思，并对未来理想社会做出了科学的预见，由此共同富裕的科学理论得以生成。④ 刘洪森认为新时代共同富裕的生成取决于三个方面，分别为思想资源、历史条件和现实基础。思想资源主要是马克思主义和中华优秀传统文化，历史条件则指中国共产党建党以来到如今不同阶段的共同富裕探索；现实基础指的是十八大以来以习近平同志为核心的党中央对共同富裕所推出的各项政策举措等。⑤ 再次，与共同富裕的实践路径相关的研究。代志新、魏天骐、马睿文强调推动实

---

① 王金，孙迎联. 精神生活共同富裕的内涵要义、现存问题与优化路径 [J]. 理论探索，2023（1）：12-18.
② 陶希东. 共同富裕：内涵特点、现实挑战与战略选择 [J]. 社会政策研究，2022（2）：3-15.
③ 崔海英. 共同富裕文化基因的生成逻辑、作用机理及时代涵育 [J]. 马克思主义研究，2022（11）：112-122.
④ 关祥睿，张航. 共同富裕理论的生成逻辑与当代发展 [J]. 甘肃行政学院学报，2022（4）：45-50，111，125.
⑤ 刘洪森. 新时代共同富裕的生成逻辑、科学内涵和实践路径 [J]. 思想理论教育，2022（3）：23-29.

现共同富裕要充分发挥我国基本制度优势，拓宽收入增长渠道，扩大中等收入群体；从民生角度出发，要在财力可持续的前提下健全社会保障体系；生产力发展角度旨在在平衡协调发展中提升社会生产力质量，以及在收入差距缩小中促进经济可持续增长等方式。① 张颖认为共同富裕的优化路径重点在于三个方面，包括高质量发展、全面深化改革以及思维层面的厚植思想和能力基础。② 刘璇、杜方朝指出新时代推进共同富裕要做好四点工作，第一是做大"蛋糕"：促进国家战略有效衔接，推动区域高质量协同发展；第二是分好"蛋糕"：持续深化收入分配制度改革，形成公正、合理的收入分配格局；第三是补齐短板：增强基本公共服务可及性，夯实共同富裕民生基础；第四是贫困治理：建立缓解相对贫困的长效机制，推动减贫战略平稳转型。

综上，当前关于共同富裕的研究呈现多样化的特点，但大多数的研究还是集中于分析探讨共同富裕的内涵、生成逻辑和实现路径上。对共同富裕内涵的研究主要围绕共同富裕的主体、内容、过程及时间四个维度，以达到对共同富裕内涵的全方位剖析。共同富裕的生成逻辑大多是从历史、理论及现实三个层面依次展开，由远及近、由理论到实践，清晰明了解答共同富裕如何生成的问题。共同富裕的实践路径则主要依据当前社会发展实际展开分析，包括从制度层面、政策层面、思想理论等多方面展开，研究脉络上多从以往的既有实践经验中提炼精华，形成新时代共同富裕的合理方案。总的来说，目前较少有从媒介话语角度出发对共同富裕发展脉络进行总体分析的研究，但已有研究成果对共同富裕自身所做的深入分析仍对本书的研究具有重要的影响作用。

---

① 代志新，魏天骐，马睿文. 实现共同富裕的理论逻辑、关键问题与实践路径［J］. 经济学家，2023（5）：5-14.
② 张颖. 推动共同富裕的理论之思和路径优化［J］. 湖南社会科学，2023（2）：67-74.

(二) 关于媒介话语的研究

对媒介话语的研究必然要从语言、话语分析等开始追溯。当前对于语言的产生较为科学的认识通常采纳的是恩格斯的观点，即"语言是从劳动中并和劳动一起产生出来的"[①]。语言产生之后才能进行下一步的话语分析，进而开展媒介话语的研究。话语分析主要应用于语言学领域，随着学科的发展，话语分析开始由对抽象体系的研究转为对实际应用的分析。索绪尔的语言理论推动语言学发展进入一个新的时期，扩大了语言的研究空间与广度。之后的福柯、阿尔都塞、葛兰西更是将话语同权力相联系，话语权力的研究推动话语发展实现新跨越。20世纪70年代之后，伴随大众新闻行业的发展，新闻文本的话语分析被学者们广泛关注并取得一定成就，其中最为突出的有荷兰学者梵·迪克以及英国语言学家诺曼·费尔克拉夫。梵·迪克首次实现了把话语分析与传播研究相结合，指出"大众媒介本身就是一种公众话语"[②]。话语分析和媒介研究密切相关，均涉及话语研究，不应分而置之，对此梵·迪克著书《作为话语的新闻》，对其观点进行了深刻的阐释。诺曼·费尔克拉夫强调"话语根源于人们的生活习惯和文化习惯，但同时也影响着人们的生活方式和文化习惯"[③]。他认为话语分析的主要任务就是要拨开思维的云雾，探究真实的社会现实，并在社会文化中再现、解读文本或话语的真实意义。由此，费尔克拉夫提出了话语分析的三个层次，即文本、话语实践和社会实践三个向度。文本强调的是词汇、语法、语义、语篇组织等；话语实践涉及对立的双方，包括社会中文本的生产以及文本的接受、消费与解读；社会实践强调话语在社会生活中所产生的影

[①] 中共中央马克思恩格斯列宁斯大林著作编译局. 马克思恩格斯文集：第9卷 [M]. 北京：人民出版社，2009：553.
[②] 迪克. 作为话语的新闻 [M]. 曾庆香，译. 北京：华夏出版社，2003：12.
[③] 费尔克拉夫. 话语与社会变迁 [M]. 殷晓蓉，译. 北京：华夏出版社，2003：169.

响，在一定社会关系中讨论话语、话语权以及意识形态。

国内学界对媒介话语的研究起步相对较晚，大多延续国外的研究方法和理论进行概括与分析，更多侧重于研究话语自身隐含的意识形态特性和话语权问题。综合分析，学界关于媒介话语的认识主要强调媒介话语本身具备着某种权利，代表某一意识形态，塑造着或社会或集体或个人的意识形态，是意识形态的载体。媒介话语研究通常涉及语言符号学、新闻传播学和马克思主义等相关专业，大多采取一种动态、多元以及宏微观相结合的以新闻为重要载体的媒介话语研究范式，围绕话语分析、话语权力、意识形态、话语与社会变迁等内容展开，从新闻主标题、副标题、关键词、互文性、新闻修辞、新闻文本等视角出发解构话语背后的意识形态。如典型的博士论文《〈人民日报〉扶贫报道研究（2012—2020）》（刘洪亮）、《改革开放舆论动员研究（1978—1982）——以〈人民日报〉为中心的考察》（程单剑）以及《媒介话语中的"群众路线"——〈人民日报〉报道对主流意识形态的呈现》（陈博威）等。近年来期刊论文之中贺婧借助于《新体育》和《中国体育报》报道，运用费尔克拉夫三维度话语分析法厘清了新中国体育在不同发展阶段对体育的认知与功能定位和体育传播的发展变迁。[①] 李明德、赵琛通过分析《人民日报》"7·1"社论，依托费尔克拉夫话语，同时坚持马克思主义指导，对当代中国共产党使命的建构与变迁有了更加深刻的认识。章敏、袁曦临以《人民日报》1949—2020年关于图书馆的新闻报道为文本材料，借助话语分析与语料库等方法，在社会历史发展变化中把握图书馆媒介形象，对于当前进一步认识图书馆形象以及之后推动图书馆形

---

① 贺婧. 新中国体育"一报一刊"的媒介话语流变与价值建构［J］. 成都体育学院学报，2023，49（2）：101-106，142.

象的改造与发展具有重要意义。① 张志安、李宜在建构性话语理论和批判话语分析的框架下对《人民日报》报道中的"一国两制"话语的建构进行考察，之后从历时性出发得出文本、话语实践和社会实践三个维度中"一国两制"话语建构的变迁特征，进而在官方媒体《人民日报》对"一国两制"的系列报道中领会国家的主流价值观念，窥见党和政府在国家主权层面的态度与立场，为之后官方主流媒体的政治传播功能优化提供启发。②

目前对共同富裕以及媒介话语的相关研究不但厘清了本课题研究的相关核心概念，站在前人的肩膀上，学习整理并充分合理使用相关理论还为本书的写作提供了可靠论证。运用这些研究观点和学术理论，对《人民日报》报道中共同富裕的话语建构进行研究，探索报道叙事中清晰的、明确的、固定的含义背后所隐含的意义，以及报道叙事话语的意义生产与表征机制，将报道叙事置于其产生的社会历史语境中以揭示话语中隐含的意识形态与权力关系，分析《人民日报》报道叙事中共同富裕的话语建构，分析《人民日报》建构了什么样的共同富裕，《人民日报》是怎么去建构共同富裕的，在共同富裕话语建构背后又潜藏着怎样的政治、经济、社会等发展逻辑。

三、关键概念

（一）共同富裕

共同富裕历史悠久，内涵丰富，新时代全面理解共同富裕必须从多学科、多角度，多层次，多方位进行，进而为新时代扎实推进共同富裕

---

① 章敏，袁曦临. 图书馆媒介形象变迁的话语分析研究：基于1949—2020年《人民日报》相关报道 [J]. 新世纪图书馆，2022（9）：90-96.

② 张志安，李宜乔. 作为制度创新话语的"一国两制"：媒体建构与变迁特征——以《人民日报》报道为例 [J]. 中州学刊，2022（6）：164-172.

奠定坚实的理论和认识基础。

第一，从语言学角度认识共同富裕。从词源组合角度出发，从词语最初的形成面貌出发深入理解共同富裕。直接观察能够发现，"共同富裕"是由"共同"和"富裕"两个单独的词语组合而构成的复合词组。因而在理解共同富裕之前首先要明晰这两个词语的具体内涵。在《现代汉语词典》中分别检索这两个词语，其中对"共同"的解释主要有两层意思，一层含义指的是属于大家的，彼此都具有的，此时"共同"的词性为形容词。另一层含义强调大家一起（做），此时"共同"的词性为副词。"富裕"同样也有两层含义，一方面，指的是（财物）充裕，词性为形容词；另一方面，指使富裕，强调动作，词性为动词。鉴于"共同"和"富裕"两词均有多重词性，所以由其组合而成的"共同富裕"同样也具有多重词性，"共同富裕"作为复合形容词时指的是大家财物富足的状态，而作为复合动词时，"共同富裕"指的是通过大家的共同努力从而实现财物的富足、充裕。如在党中央的相关文献之中"全体人民共同富裕基本实现"中的"共同富裕"即为复合形容词，而"全体人民共同富裕迈出坚实步伐"中的"共同富裕"则为复合动词。

第二，从政治经济学角度理解共同富裕。共同富裕既是一个经济概念又是一个政治概念，而作为一个复合词组的共同富裕同样包含着生产力和生产关系双重特质。"共同"指社会成员共同拥有社会产品，代表社会财富的占有方式，这就涉及生产资料所有制的概念，集中体现着社会生产关系的性质。"富裕"是一个程度词，反映着社会成员对社会财富的拥有情况，体现着社会生产力的发展水平，也是衡量生产力发展水平的重要标准。生产力发展是富裕的基础，在正常的社会环境中，生产力水平越高意味着社会富裕程度越高，生产力发展水平和社会富裕程度呈正相关。共同富裕是社会主义的本质特征，是同社会主义紧密相关的概念，并且只能存在于社会主义社会之中。因此，"共同富裕"的实现需要生产力和生产关系和谐且高度发展。

第三，从核心要义理解共同富裕。当前学界对"共同富裕"的核心内涵具有普遍的共识性认识，即"共同富裕"包括全体人民共同富裕，全方位全领域的共同富裕，共建共享的共同富裕以及长期性、艰巨性需要逐步实现的共同富裕。首先，全体人民共同富裕强调共同富裕的受众主体是全体中国人民，共同富裕各项措施、举措的出台是面向全体人民，致力于推动全体人民摆脱贫困，实现富裕。其次，全方位全领域的共同富裕强调共同富裕的全面性，共同富裕并非单维度的、物质的富裕，它还囊括、涵盖着精神、文化、生态、社会、公共服务等相关领域，是多维度多领域的富裕。另外共同富裕的全面性还强调推进人的全面发展，强调物质文明、政治文明、精神文明、社会文明、生态文明的全面提升。再次，共建共享的共同富裕强调共同富裕的路径与结果，共同富裕道路需要全体人民通过辛勤劳动和相互帮助，人人参与，人人尽力，人人享有，通过共建美好家园，实现共享美好生活。最后，具有长期性、艰巨性，需要逐步实现的共同富裕强调从历史发展的宏观角度出发。共同富裕不是说说而已，更不是一蹴而就的，要对共同富裕的艰巨性、曲折性以及长期性有深刻认识，在获得不同时期阶段性、标志性成果中逐渐迈向共同富裕。

（二）《人民日报》与共同富裕报道

《人民日报》创办于1948年6月15日，最初是由《晋察冀日报》和晋冀鲁豫《人民日报》合并而成的中共华北中央局机关报，由华北人民政府管理。党中央迁到北京之后，中共华北中央局机关报《人民日报》于1949年8月1日升格为中共中央机关报，肩负党中央机关报职能，由中国共产党中央委员会直接管理。1948年6月15日至1949年3月14日，《人民日报》总部位于河北省平山县里庄，因而称为"里庄时期的《人民日报》"。里庄时期的《人民日报》虽条件艰苦，但其发行遍及整个华北地区，覆盖地域极为广阔。档案记载，1948年6月15日《人民日报》创刊时，发行量为4.4万份。创刊一个月后的7月间，发行量增为4.7万份。《人民日报》迁入北平后，截至1949年7月底，发行量有7万多份。1949年年底，《人民日报》发行量有9万多份。新中国成立后，《人民日报》迅速由地方性报纸发展成全国性的最大的报纸。1985年7月1日，《人民日报》创办了《人民日报》（海外版），这是中国对外发行的最具权威性的综合性中文日报，发行超过80个国家和地区。《人民日报》自创刊以来从未间断，进入21世纪以来，发行量从200万份增长到300多万份，内容从16版扩展到24版，传播形态从纸介媒体到PC端和移动终端，影响力不断增强。《人民日报》始终坚持深入群众、贴近实际，从理论与实际相结合的角度，分析、解释和解答现实问题，包括经济和政治体制改革、对外开放、"一国两制"等重大问题，以及日常工作和生活中的具体问题，见证着中华人民共和国的成长、发展与复兴。

《人民日报》是中国第一大报，世界十大报纸之一，由毛泽东同志亲笔题写报头并一直沿用至今，作为党的宣传报纸，始终和中华人民共和国的命运紧密相连。毛泽东同志曾先后三次为《人民日报》题名，第一次是在1946年4月，中共晋冀鲁豫中央局要出版一份地方性机关报，请毛泽东同志题报头。毛泽东提议："为什么你们不叫《人民日报》呢？"报纸的名称更要符合它的宗旨而非仅局限于地域，这便是《人民日报》名字的由来。毛泽东一连写出五幅横书的《人民日报》，并指着其中的一幅嘱咐道："这个比较好，用这个。"第二次是在1948年6月，晋冀鲁豫和晋察冀机关报合并之时，创办了一份新的报纸，仍取名《人民日报》，为和之前的地方报相区别，遂请毛泽东重写报头，毛泽东提笔强调："《人民日报》这四个字啊，写成报头，中间两个字要小一点，两边两个字要大一点，这样就好看喽。"第三次是在1949年

8月，当《人民日报》由华北版再度上升为党中央暨人民政府的国家机关报时，毛泽东又在第一次题墨的基础上挥笔重题，即如今所用的报头，其中"报"字，就借鉴了古人的架构笔意，做了更新化简，并赋予了其新的神韵。《人民日报》的创办是毛泽东全程关注的，并且除了题名，毛泽东其实也对《人民日报》的发展非常关心。《人民日报》的第一篇社论是由毛泽东亲自审改的，《人民日报》的许多刊登内容，毛泽东经常参与审改，身体力行，给出意见。之后的历代领导人也极为关注《人民日报》的发展，邓小平同志曾亲自为《人民日报》撰写和审改重要文章，江泽民同志、胡锦涛同志曾亲临报社考察并发表重要讲话。习近平总书记多次对《人民日报》工作作出重要指示批示。

《人民日报》是中国最具权威性、最有影响力的报纸，是党和人民的喉舌，是联系政府与民众的桥梁，也是世界观察和了解中国的重要窗口。《人民日报》及时准确、鲜明生动地宣传党中央精神和中国政府最新的政策、决定，报道国内外大事，反映最广大人民群众的意愿和要求。《人民日报》的办报宗旨为坚持与党和国家的发展同心同德、同向同步，忠实履行党的新闻舆论工作职责和使命，始终不渝地坚持正确政治方向，始终不渝地坚持党性和人民性相统一，始终不渝地贯彻政治家办报要求，努力当好新闻战线的排头兵，当好推进媒体融合发展的排头兵，当好改进文风的排头兵，为巩固壮大主流思想舆论发挥"中流砥柱""定海神针"的重要作用。几十年来《人民日报》中关于共同富裕的报道为新时代共同富裕理论与实践研究留下了弥足珍贵的历史资料。

《人民日报》中的共同富裕报道主要指的是在标题中含有"共同富裕"四个字的报道以及文章内容涉及共同富裕相关内容的报道。以"共同富裕"为关键词，经《人民日报》图文数据库进行检索，查得1949—2022年共73年间，《人民日报》刊发的所有报道中，正文含有"共同富裕"一词的文章共7809篇，标题含有"共同富裕"一词的文章有289篇。由于"报纸的标题被看作总体意义或要点（语义宏观结构）的突出表达，标题构成特殊的话语范畴，而这个范畴……更可能表达和承载意识形态内容"[1]，如1953年12月12日第三版中，"社会主义的路是农民共同富裕的路"这样的标题其报道主题鲜明地指出内容所谈及的是农民共同富裕的内容，非常易于甄别、检索与提取。在对标题类和正文类具体样本进行对比后发现，"共同富裕"一词在正文中的出现往往只对该文章局部甚至其中的某一句话做简单修饰之用，其检索结果对"共同富裕"主题的命中率远低于标题检索结果，不利于配合使用其他方法对研究主题进行综合探究，为了确保全文分析的统一与连贯，标题检索结果被最终采用（需要特别指出的是，由于《人民日报》数据库搜索引擎的限制，本研究中所述"标题检索"的目标内容实际上包含了"肩标题""标题""副标题"三项内容）。但任何事务都需具体问题具体分析，若只采用标题中含有共同富裕的报道，在新中国成立至改革开放这一较长时期符合采样的文本只有7篇报道，可分析内容太少，分析价值有限。同时因为在这一时期，为了巩固新生政权，将共同富裕同社会主义紧密联系起来，新闻报道内容中所出现的共同富裕同样能够在很大程度上说明文章的内容指向，因而在第一阶段中样本最终选取了文内出现共同富裕的391篇报道。

由于研究样本直接影响着研究结果与效度，因而需再次以人工方式对已提取的664篇文章进行数据清洗，所剔除的无效样本主要包括以下两类：其一，"共同富裕"以广告性质出现时，既不能被视为《人民日报》的话语表征，也无实际含义，典型代表如《〈走向共同富裕笔谈〉征文启事》（1994年12月29日第3版）、《〈走向共同富裕笔谈〉征文启事》（1995年1月14日第3版）、《扎实促进农民农村共同富裕（新

---

[1] 胡春阳. 话语分析：传播研究的新路径[M]. 上海：上海人民出版社，2007：197.

书评介）》（2022年9月30日第7版）等；其二，标题中包括"共同富裕"的同一报道出现在同一天的不同版面被作为多篇报道收录，需要人工进行辨别、摘除与合并，典型代表如《广东 大扶贫带来大变化》（2011年12月26日第1版）和《广东 大扶贫带来大变化》（2011年12月26日第7版）、《浙江淳安下姜村携手邻村迈向共同富裕（喜迎二十大）》（2022年10月12日第1版）和《浙江淳安下姜村携手邻村迈向共同富裕（喜迎二十大）》（2022年10月12日第3版）等。经过以上步骤，笔者最终获取样本数量650篇，并制作其为基本语料库。

随后，为了确定"共同富裕"一词按年代分布的各种意义类型及其变化，需要从所建的基本语料库中提取所有包含该词的语句并逐一解读，另外还将配合使用LancsBox软件对该语料库中全部650篇文章进行高频词统计。通过分析不同时段《人民日报》新闻文本中与"共同富裕"共同出现的词汇特征及其变迁路径，不但能更加深入地对新中国的共同富裕实践进行描摹，还能为后续以话语分析方式探索"共同富裕"背后的意识形态因素指明方向。

（三）媒介话语

话语指的是主体人对语言的言说，在互动中得以呈现，具有鲜明的社会性与动态性特征。伴随话语在后结构主义、符号学以及其他社会科学领域的发展，对话语的研究侧重点开始从说什么、如何说转移到说话内容在特定社会环境中的社会结果的研究，话语的意义、力量以及话语所体现的权力关系与意识形态等不断得到深入的挖掘，也使得作为言说结果的文本得以被进一步分析研究。媒介话语是话语的重要组成部分或话语的一大类型，指的是借助大众媒介以媒介语言进行言说的话语，具体说来包括大众传媒话语，即报纸、杂志、电视、电影话语等；以互联网为媒介进行传播的话语；广泛意义上公共和日常生活通过媒介进行的话语，如信件、笔记、备忘录以及更多技术媒介，如扩音器、电话、电脑等甚至说写和符号语言等。媒介话语的呈现方式具有多样性，包括文字、图像、声音等，如各种新闻、电影、电视剧、广告等。媒介话语中包含着两组重要的关系，媒介和现实的话语关系以及媒介和受众的话语关系。媒介话语依赖媒介中枢营造了一个巨大的话语生产平台，容纳并呈现政治、经济、科学、宗教、道德、文学、艺术以及日常生活等各种话语形式，根据媒介话语生产者自身的意图与模式给予改造，通过转换、移植、膨化、过滤等方式对这些话语进行再组织，在此基础上所产生的媒介话语中不可避免地隐含着复杂的社会关系与权力关系。

本书中的媒介话语主要指的是国家权威媒介《人民日报》对共同富裕的报道、阐释与解读，在共同富裕的媒介话语产生与运作过程中，存在意识形态、阶级以及政治、经济等深层权力关系的争斗。通过分析语篇的语言特点和它们生成的社会历史背景来考察语言结构背后的意识形态意义，并进而揭示语言、权力和意识形态之间复杂的关系。除了政治、意识形态对媒介话语的控制，经济的影响在改革开放后的报道中亦可以窥见其踪影，受经济体制的影响，《人民日报》共同富裕报道所呈现的共同富裕话语被打上了深深的经济烙印。综合而言，共同富裕的话语呈现与传播，受政治、经济、社会、文化等共同影响，这也应合了传播政治经济学的观点，传播政治经济学强调历史背景的特殊性，考察政治经济、社会、文化与意识形态等力量的运动，关注历史互动时所带动的社会变迁过程。

四、研究方法

"共同富裕"的媒介话语变迁研究是一个相对综合的研究课题。立足于推进中国特色社会主义共同富裕话语体系建设这一时代方位，以《人民日报》数据库为样本来源，以马克思主义唯物辩证法为指导，以定性内容分析法为工具推进研究工作，结合政治学、语言学、传播学等多学科研究方法，在广泛吸纳文献资料的基础上，把握该研究主题的整体与构成，通过演绎与归纳相结合的分析方式，从平面的《人民日报》以"共同富裕"为主题的文本中凝练出立体的"共同富裕"媒介话语。具体来讲，本书运用的研究方法主要包括以下两方面。

（一）跨学科综合分析法

跨学科综合分析法的基本立场和理论依据是历史唯物主义和唯物辩证法，事物本身存在普遍联系和相互作用，坚持普遍联系的方法论原理，必须走出单一学科思维，用超学科的视界考虑问题。"共同富裕"的媒介话语变迁研究是一个跨学科的综合性问题，涉及马克思主义理论、政治学、新闻传播学、语言学、经济学、管理学、历史学等学科，结合本研究的实际需要，"共同富裕"的媒介话语变迁研究需构建超学科视域。因此，本书秉承马克思主义的基本研究范式，以马克思主义唯物辩证法为指导，在此过程中，对各个领域的有关研究结果进行大量的引用，吸取各个领域的优点，对它们进行整合和革新，使各个领域之间能够相互融合，互相补充，使研究更加严谨科学以便发展出宽广的学术视角和发散的理论触角，进而从各时期共同富裕话语变迁的态势、动因等出发，提出关于新时代新征程共同富裕话语体系优化发展的新思考。

（二）语料库与话语分析方法

语料库是话语研究中非常重要的资源，它是由大量真实语言数据组成的电子库，可以用于分析和研究语言结构、语法规则、语言使用和语言变化等问题。语料库的建立和管理需要特定的方法和工具，而话语分析方法则是一种对语料库中的文本进行分析和解释的技术。

1. 语料库的构建

语料库的建立一般包括收集、整理、标注和存储等步骤。本书语料库建立的过程为：第一步，语料收集整理。以《人民日报》数据库为样本来源，从中选取 1949 年至 2022 年 11 月之间全部 650 篇以"共同富裕"为主题的相关报道，进行下载、校对和格式转换，并依据本研究的具体时间段将全部语料按日期进行整理，最终形成 4 个 TXT 格式文件。第二步，语料清洗。通过语料的预处理，对语料进行校对降噪。在这个过程中，我们需要把整理好的文本中多余的空格、空行、回车、乱码、错别字以及其他不需要的信息（包括图片、表格等）去除掉。第三步，存储。将收集、整理以及清洗完毕的语料依据时间段以 TXT 格式进行存储，方便下一步的数据检索、查询和分析。

2. 语料库工具

本书用到的语料分析工具为 LancsBox，是英国兰卡斯特大学 VaclavBrezina 团队开发的新一代语料库软件，说它新，不仅仅是发行时间上的新，还是在理念和功能上比同类工具要新。不仅具备目前主流语料库软件的常规功能，如关键词检索（KWIC）、检索词分布（WHELK）和文本工具（TEXT）等，还创新优化了数据处理和信息呈现等方面的功能，其中最为核心的就是搭配图解（GraphColl），能够提供语料加工，如 POS、检索词汇的搭配词表和可视化搭配图。LancsBox 最大的特点是在常用功能后面植入了统计功能，统计功能可以根据用户需要进行调节。选择 LancsBox 作为本书的语料库分析工具的重要原因在于，此软件与当下常用的语料库检索分析工具 AntConc 和 WordSmith 相比，无须额外手动分词即可直接对 TXT 格式语料库进行文本分析，在效果同质的前提下能够极大减少研究者的工作量。

3. 话语分析方法

1952 年，美国语言学家哈里斯在《语言》期刊上首次发表了话语分析的研究方法。20 世纪 70 年代以来，人们在社会学、历史学、哲学、新闻学、政治学等诸多人文社会科学的研究中对话语分析广泛应用。1992 年，费尔克拉夫在《话语与社会变迁》一书中，融合话语的建构性、互文性、政治性、权力性、社会变化性等特征，指出话语分析应包括三个层面：文本、话语实践与社会实践。文本，侧重于具体的语言分析；话语实践，侧重于语篇的生成与消费过程；社会实践，侧重于语篇的组织背景等社会分析。三者呈递进关系，其中社会实践是解释话语实践的基础。共同富裕的媒介话语变迁研究需要基于一定的理论框架对文本进行分析，本书的话语分析将基本遵循费尔克拉夫的三维向度框架，同时为了更符合本书的写作，笔者将在具体的分析中对各维度进行些许的调整，以呈现重宏观、减微观的写作模式，如在文本分析层面，会适当减少对语言学当中较为重视的语法、语态的关注等。具体分析方式如下：

首先，从文本层面出发，通过 LancsBox 工具的词频分析方式，呈现不同时期《人民日报》共同富裕主题文本中与共同富裕话语有关的各种关键词的出现频率，以及这些关键词背后所蕴含的共同富裕话语的阶段性变化趋势，提炼出与共同富裕话语相关的概念内容。另外，借助人称代词、隐喻等表达策略进一步分析共同富裕话语背后的意识形态导向。其次，话语实践层面通过"具体的互文性"分析不同时段"共同富裕"相关的报道，还原媒介共同富裕话语生成的历史语境和现实基础。最后，在共同富裕不同阶段的内容及话语表达分析中充分融入特定时期的政治经济文化背景，从而在社会制度以及社会构成层面探讨共同富裕话语变化的原因。需要解释说明的是，这些具体的话语分析方法在文内均是独立的描述，但并不表示其相互之间没有联系、各自为政，相反，它们之间相互融合，共同服务于整个的共同富裕媒介话语变迁研究之中。

第二章

通俗质朴的"共同富裕"话语：
社会主义制度的确立与巩固
（1949年10月—1978年12月）

什么是社会主义？在农村，社会主义就是大家联合起来，用大规模生产和新的农具、农业机器和新的农作法来经营农业，使大家能够共同富裕。[①]

——《人民日报》1953年12月12日第3版

党的十九届六中全会通过的《中共中央关于党的百年奋斗重大成就和历史经验的决议》（以下简称《决议》）将党的百年历程划分为新民主主义革命时期、社会主义革命与建设时期、改革开放与社会主义现代化建设新时期以及中国特色社会主义进入新时代四个历史时期，结合《人民日报》的诞生和其中对共同富裕内容的报道综合分析，萌芽时期的"共同富裕"话语主要分析的是1949年10月也就是新中国成立到1978年12月党的十一届三中全会召开这一时间段中《人民日报》对共同富裕的报道，这一时期共同富裕话语的显著特征即通俗质朴。在《人民日报》图文数据库中检索这一时间段以"共同富裕"为标题的文章，结果显示共有7篇报道，仅仅对这7篇文章进行数据分析不足以说

---

① 郭小川. 社会主义的路是农民共同富裕的路[N]. 人民日报, 1953-12-12 (3).

明结果的科学性与准确性。因而本阶段共同富裕报道的分析在样本选择中采取更加多元的方法，在保证样本同研究内容尽可能接近的前提下试图最大限度扩大样本规模与数量。这一时期主要通过再次提取这一时间段报道正文中出现共同富裕的报道，将之加到之前的样本数据中进行统一分析，以达到扩大样本数量、呈现完善结论的目的。在《人民日报》图文数据库中检索这一时间段内文章标题或文章正文中含有共同富裕的报道并手动剔除广告及重复报道，最终作为分析的样本共计391篇，图2-1为这一时段中不同年度共同富裕报道数量柱状图。

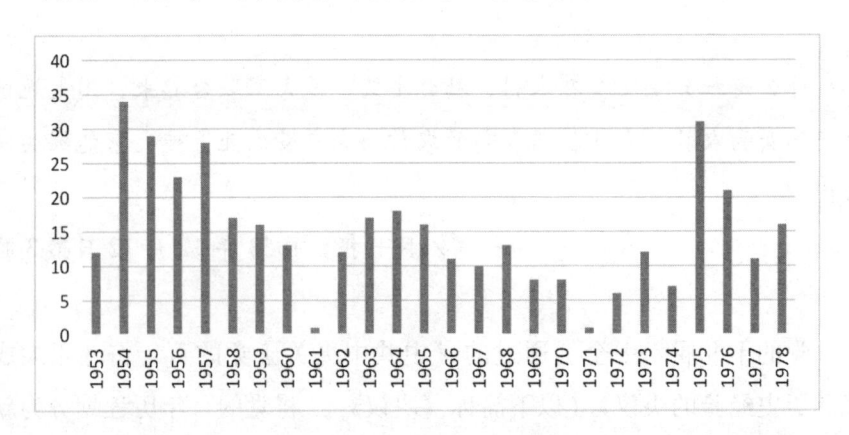

图2-1 《人民日报》有关"共同富裕"的报道数量（1949年10月—1978年12月）

从研究样本分布的外在特性来看，年度报道总量的异常值出现于1954年、1955年和1975年（见图2-1）；从样本内容的实际指向来看，该阶段内的391篇相关报道大多能从不同角度出发形成合力，为社会主义制度在华夏大地的确立与巩固贡献应有的话语效能（后文将对此进行详细分析）。因此，本章的设置与分析均不过分追求对现有宏观史学分期的迎合，而是参考新时代《决议》中对党的历史成就与历史经验所划分的时间节点，将社会主义革命与建设时期视作一个独具意义及连贯性的整体，并从样本特性出发寻找独属于该阶段"共同富裕"话语

<<< 第二章 通俗质朴的"共同富裕"话语：社会主义制度的确立与巩固（1949年10月—1978年12月）

的内部共性与差异，从而以此为基础描摹该历史性话语如何被纳入"政治—经济—文化"的一体化体制中，进而成为新中国成立30年间社会主义事业的有机组成部分。

一、社会主义革命与建设期"共同富裕"报道概貌

自新中国成立当天至1978年12月党的十一届三中全会召开之际，《人民日报》共刊发与"共同富裕"主题相关的报道391篇，占全部样本总量的60.2%。除去1961年和1971年均为1篇，其余27年间年均报道约13篇，峰值出现于1954年（34篇）、1955年（29篇）和1975年（31篇），并于1976年开始，相关报道呈现回落趋势（详见图2-1）。

（一）报道版面与报道地域

1. 报道版面

《人民日报》在29年间共经历了5次正式改版及若干临时性、暂时性的专栏开设与版面调整，主要包括1次版面格式的调整和4次版面数量的变化增幅以及内容的调动等。如基于阅读需求的同时也为了与世界接轨并赶上时代步伐，1956年1月1日《人民日报》版面格式由之前的竖排版改为国际较为通用的横排版，从此中央级各大报纸实现全国统一的横排版。1956年7月《人民日报》在版面数量上进行重大调整，由6版改为8版，新闻数量以及题材范围得到较大扩充，文风方面也做出了较大的改进，内容呈现上多元性、客观性特点越加突出。经此次改版，《人民日报》实现了较大改进，但之后受1957年错误路线方针的影响，改版成果几乎被彻底否决。之后《人民日报》又进行了3次改革，分别是1961年11月1日由8版改为6版，1966年9月1日由6版改为4版。这两次版面的缩减主要为了加强宣传毛泽东思想以及增加一些社论短文章，推进报纸的革命化；继9月1日由每天6版缩减为4版后，9月4日又扩充为每天6版，这是《人民日报》改版史上，两次改版时间间隔最短的一次。且自1966年9月4日起，《人民日报》每天6版的定数，一直延续到1979年12月31日，历时13年。

"报纸的版面是很难一成不变的"[1]，不同时期的报道需求直接影响着版面的分布安排，而报道所处的版面位置也决定着其自身的重要性及相关背景信息。某则新闻所处的版面位置展现了与之相关的背景信息及其对媒体的重要程度。为了减少该时段内多次改版历程对版面分析造成的不良影响，研究者结合历次改版后的具体版面名称对该时段"共同富裕"报道结果进行了重新整理，结果如下，其中围绕"共同富裕"主题的报道最常出现于要闻、国内经济版和国内政治版（通常位于第一版、第二版或第三版，合计占该时段内样本总量的69.3%），由此可以看出共同富裕事关国家大政方针与经济发展，是党和人民密切关注的重要议题。

2. 报道地域

《人民日报》作为国家权威报刊，是中国共产党中央委员会机关报，既同党和人民密切联系、同心同德，又肩负着宣传报道重大社会实践的工作使命。《人民日报》自身性质及其定位决定其版面必然要进行精心安排、特定规划，因而在这一报刊对"共同富裕"主题进行研究的过程中引入报道地域能够推动研究更加准确、精细、多元、细致，进而能够深入挖掘不同历史条件下，不同地域所呈现出的共同富裕的个性与共性所在。

---

[1] 邵云红. 党报版面研究 [M]. 北京：人民日报出版社，2014：33-39.

第二章 通俗质朴的"共同富裕"话语：社会主义制度的确立与巩固（1949年10月—1978年12月）

表2-1 报道时间与报道地域交叉表（1949年10月—1978年12月）

报道时间	国际新闻	全国性新闻	西藏地方新闻	北京地方新闻	其他省份新闻	合计
1949	0	0	0	0	0	0
1950	0	0	0	0	0	0
1951	0	0	0	0	0	0
1952	0	0	0	0	0	0
1953	0	8	0	0	4	12
1954	1	21	0	0	12	34
1955	0	20	0	0	7	27
1956	0	14	0	2	7	23
1957	0	20	0	0	8	28
1958	1	5	0	0	11	17
1959	0	2	0	0	13	15
1960	0	3	0	0	8	11
1961	0	1	0	0	0	1
1962	1	5	1	0	5	12
1963	0	3	4	0	6	13
1964	0	3	0	0	13	16
1965	0	5	2	0	7	14
1966	0	3	0	0	7	10
1967	0	4	0	2	4	10
1968	0	3	0	0	10	13
1969	0	0	1	0	7	8
1970	0	2	0	0	6	8
1971	0	0	0	0	1	1
1972	0	0	0	0	4	4

续表

报道时间	报道地域					合计
	国际新闻	全国性新闻	西藏地方新闻	北京地方新闻	其他省份新闻	
1973	0	1	0	0	11	12
1974	0	2	0	0	5	7
1975	0	7	1	2	18	28
1976	0	3	2	1	14	20
1977	1	5	1	0	2	9
1978	0	5	1	0	10	16
合计	4	145	13	7	200	369

报道地域的分析过程中，考虑到类似于文学类、理论类等非新闻报道同地域性因素的相关性不太紧密，因此在本部分的研究中将该类型文章进行了人工剔除，最终仅对369篇新闻类样本的报道地域进行综合统计，其结果呈现为表2-1。从这一时期报道时间与报道地域交叉表中能够看出，其他省份报道即地方性报道占比最大（200篇，54.2%），但由于其他省份中基本覆盖了当时全国的所有省级行政区，所以再除去西藏（13篇，3.5%）和北京（7篇，1.9%）。此外，以介绍各地农业生产合作社、推动农民走向共同富裕为主要内容的新闻报道成为该时段内报道样本最鲜明的主题，特别是随着1953年共同富裕的提出，响应毛泽东同志的号召"组织起来，走共同富裕的道路"，农村互助合作运动进入高潮，社会主义运动日益高涨，在党和人民共同的努力之下这一阶段社会主义革命顺利完成、社会主义制度得以正式确立，社会主义建设开始有序推进。从这个层面来说，《人民日报》在该时段内的"共同富裕"话语具有强烈的历史烙印，这一时期的共同富裕更加强调共同层面，整体对富裕的要求偏重于低水平的物质层面，具有时代的局限性，

第二章 通俗质朴的"共同富裕"话语：社会主义制度的确立与巩固（1949年10月—1978年12月）

同时也紧随政治方向，服务于新生政权的巩固与社会主义建设的发展。

（二）报道体裁与报道题材

报道体裁主要指的是具体报道作品所采取的写作范式，借助特定模式将新闻内容合理恰当地呈现。新闻类报道最常用的体裁即消息与通讯，这一时期《人民日报》对"共同富裕"主题使用最多的体裁亦为这两种，其中消息（65篇，17%）、通讯（248篇，63%）。同时，在文本整理过程中发现"共同富裕"相关报道中还有本报社论，其中包括少量的特约评论、国内短评（21篇，5%）与图片报道（3篇，1%），特约评论的出现表明这一时期共同富裕在当时社会中所处的重要地位，而特约评论中所提到的共同富裕是要充分发挥引领、导向作用，帮助人民群众正确认识这一内容。图片报道则是通过具体、生动、连续的画面展示一阶段、一地域或一领域共同富裕所取得的成果，推动共同富裕道路更具说服力，更有说明性。另外值得注意的是，在这一时期的党报宣传体系内出现了较多的包含共同富裕的新闻公告（36篇，9%），预示着在社会主义发展的进程中共同富裕与其同向同行，至关重要。共同富裕既关涉理论又包括实践，这一时期围绕"走共同富裕的道路"出刊了系列文学、理论文章（3篇，1%）和调研报告（15篇，4%），既在理论高度回答共同富裕是什么问题，又在现实社会生活中具体分析当地的共同富裕情况，解答怎么办的问题，更贴近人民群众，远离口号化、空洞化、概念化的纯粹的政治理想色彩，更还原了共同富裕社会化与生活化的特征，为受众营造了一种组织起来共同劳动、共同致富的情感体悟，因而，共同富裕既是社会主义的政治追求，也是人民群众的共同期盼。（具体数据分布可参见图2-2）

对题材分布的研究结果也再一次印证了当时《人民日报》对"共同富裕"话语策略的贯彻。依据报道内容的不同，新闻可以分为时政

"共同富裕"的媒介话语变迁研究 >>>

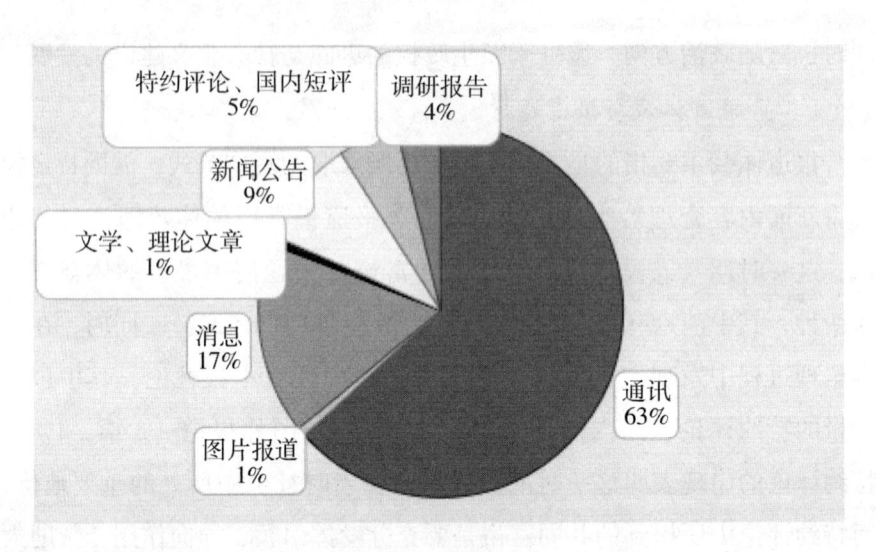

图2-2 《人民日报》有关"幸福"主题的报道体裁（1949年10月—1978年12月）

新闻、社会新闻、经济新闻、文化新闻、科技新闻等类型。由于报道题材对内容、题目、对象等的侧重，这一时期报道的题材要除去60篇非新闻报道（包括"评论文章""文学类体裁"和"政府公文"三类体裁），才得以细致窥探上文所提及的六类新闻体裁的题材分布状况。如图2-3所示，以政治（216篇，65%）、经济（39篇，12%）等为主要内容的硬新闻虽然占比较大，但以社会（45篇，14%）、文艺（13篇，4%）等为代表的，更具人情味、更贴近生活的软新闻虽然受限于特定时代环境但也有了极大的生存空间。新中国成立初期，在中国社会经济中占主体地位的是农业经济，农民、农业、农村是当时政治、经济乃至社会的主体，因而这一时期的共同富裕也都以这一主体、主题展开，但在媒介话语全面服务于政治的境况下，当时的媒介"共同富裕"报道至少已在话语表征层面尝试贴近"共同富裕"本身的内在特性及受众的心理需求，并在形式（体裁）与内容（题材）的双向通道内达成一致。

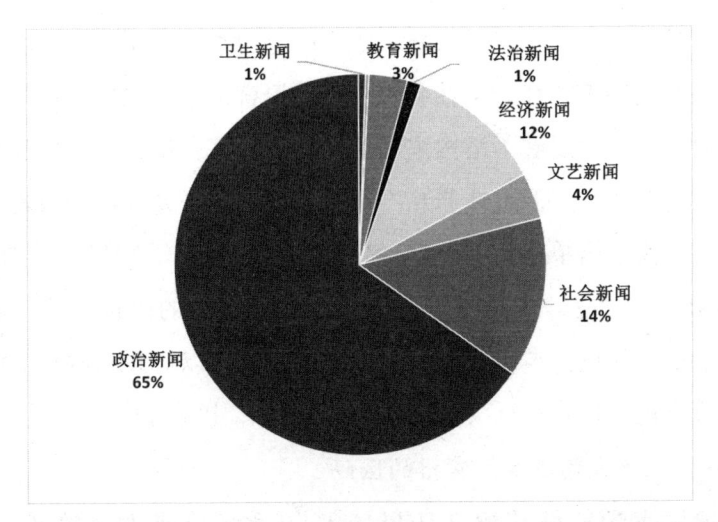

<<< 第二章 通俗质朴的"共同富裕"话语：社会主义制度的确立与巩固（1949年10月—1978年12月）

卫生新闻 1%
教育新闻 3%
法治新闻 1%
经济新闻 12%
文艺新闻 4%
社会新闻 14%
政治新闻 65%

图 2-3　《人民日报》有关"幸福"主题的报道题材（1949年10月—1978年12月）

如果说以上对"萌芽"时期"共同富裕"报道的描摹只是粗浅环视了这一阶段话语体系的外壳，那批判性的话语分析工具将为笔者提供深入窥探的可能。只不过，要明确的是内与外从来都不是独自、孤立的关系，外在与内里总是紧密联系、相互影响的。报道所采用的不同体裁同时也建构着话语的互文性，在对文本进行更深入分析之前率先将报道文本所处的版面位置、体裁种类、所属地域以及题材等进行详细概述，并不是要将其排除于正式的"共同富裕"媒介话语体系之外，只是为了整体行文更加清晰、工整与便利；并且与此相反，本节所得出的全部结论既会在后文的分析中得到进一步细化，同时还将被纳入整个话语体系的建构框架中进行考量。

二、话语文本：共同富裕的文本表征制造

瑞士著名语言学家索绪尔在《普通语言学教程》一书中将语言符号分为能指（Signifier）和所指（Signified）两个互不从属的部分。从

33

结构语言学角度出发，能指（Signifier）与所指（Signified）以及二者之间的关系被用来解释人类社会所出现的语言现象。之后的批判话语分析相关研究者继承发展了结构主义这一思想，并突出强调能指和所指尽管不存在附属关系，但也并非互不相关，将二者联系绑定的因素存在于社会意义层面。简单来说，一定的能指（Signifier）总是同一定的所指（Signified）相对应，体现在外在的包括词汇在内的语言形式、表征之中。基于这一观点，本研究的起点即文本数据，以对共同富裕话语的语言表达策略进行形式特征（Formal Properties）上的分析。

（一）人称代词与共同富裕的区隔

英国语言学家韩礼德（Halliday）的系统功能语言学（System-Functional Linguistics）认为，语言作为人类的第一技术，就其本身的结构而言是一套庞大的符号系统，可以"通过概念（Ideational）功能构成知识和思想体系，通过人际（Interpersonal）功能帮助形成主体和主体之间的社会关系，通过语篇（Textual）功能使语言与语境发生联系"①。以语篇为基础，分别从概念功能和人际功能两个层面出发分析其中人称代词的选择，帮助人们充分认识不同语境不同时期的外部世界并进行分类，赋予秩序。因此，具体分析语篇中人称代词的使用频次及具体指称，既能够厘清现实交际双方间的权力、利益关系和亲疏远近程度，又能够进一步发现语篇中内在的、隐含的社会政治关系。

"我们"作为复数的第一人称代词是"共同富裕"相关报道数据文本中频繁出现的词汇，29年间使用共计4851次，另外所有格形式的"我们的"出现了544次，人称代词"大家"出现899次。"我们"的高频出现就不得不说其中所包含的语言的兼并性与殖民性②——"我

---

① 熊伟. 话语偏见的跨文化分析 [M]. 武汉：武汉大学出版社，2011：101.
② 邱海颖. 德国国家身份的建构 [M]. 北京：光明日报出版社，2017：70.

们"带有强烈的意识形态指向,语篇中的"我们"实际上是一种意识形态的唤询(Interpellate)方式。"我们""大家"在《人民日报》上的每次出现,都不置可否地具备了共建共享的人民集体身份。从读者角度而言,其也表达着内容作者正以文本方式邀请读者、受众进入自己意指的群体,并试图以共同富裕理想的共识唤起读者自身的主人翁意识、主体性意识,促进读者将"我们走上了共同富裕的道路""社会主义社会是要大家共同富裕,人人幸福"的媒介话语内化于心,从而潜移默化、坚定不移地相信、信任社会主义制度以及新生政权,促进他们产生发自内心的、不容置疑的认同感与归属感。

基于如此这般的情感基础,在理解语篇之后又结合历史事实"我们"就开始制造一种分类,从而将自己与"他们"相区隔。例如:

"我们(1)看了八年,比了八年,再也不能忍受封建农奴制度的统治了,只有毛主席、共产党才是西藏民族的大救星!"①

"社会主义制度的建立给我们(2)开辟了一条到达理想境界的道路,而理想境界的实现还要靠我们(3)的辛勤劳动。"②

"我们(4)的国家正处在一个重要的历史发展时期。我们(5)正在做前人没有做过的事,走前人没有走过的路,我们(6)要保持过去革命战争时期的那么一股劲,那么一股革命热情,那么一种拼命精神,把革命工作做到底,同全国人民一道,为在本世纪内全面实现农业、工业、国防和科学技术的现代化这一宏伟目标而努力奋斗。"③

---

① 新华社记者. 从封建农奴制到社会主义的伟大变革[N]. 人民日报, 1975-09-11(1).
② 王常青. 艰苦奋斗 勤俭建国[N]. 人民日报, 1963-06-27(5).
③ 在庆祝西藏自治区成立十周年大会上天宝同志的讲话[N]. 人民日报, 1975-09-10(2).

"我们"在意义层面的变迁同时伴随在这一区隔的演进之中：结合语篇呈现的语境，读者能真切地感知"我们"的不同意涵。"我们（1）"明显是特指，指的是西藏地区生活的人民群众，而随着整体"社会主义制度"的提出，后五个"我们"所指代的内涵得到延伸拓展，不知不觉中囊括了"中华各族的人民"，"我们"这一人称代词开始转变为指代全体中国人民，整个中华民族。也正是通过类似的意义扩展与迁移手法，《人民日报》在"共同富裕"相关报道中使用诸如"德寇破坏得太惨重，我们现在只能将就过日子，主要的精力要放在建设上面""苏联人民在十月革命以前，也和我们中国一样""苏联的经验活生生地教育着我们，生活的提高必须建立在生产发展的基础之上"① 的说法在"我们"指称的变化中，在"以苏为师"的话语进程中，旗帜鲜明地将新中国人民对中华民族的内在认同迁移至苏联，进而扩大化至全世界的整个社会主义阵营。而处于"我们"对立面的"他者"，自然而然地被认定为同社会主义相对立的资本主义，尤其以"美帝国主义"国家为主要代表。

除此以外，"过分词化"（overlexicalization）还从另一个侧面强化了这种区隔，它通过使用大量不同的词语来描述或指称同一事物，以完成积极的自我呈现和消极的他者呈现。表 2-2 对报道样本《鼓吹资本主义复辟的<两家人>》（1966 年 8 月 5 日第 4 版）中的词语使用进行了对比，展示的正是报道者如何在媒介文本中不厌其烦地叠加词汇，继而完成"我们"与"他们"的类别化。

因此，分类成了以第一人称为中心的话语运作的直接产物。读者在"我们"所分泌的虚拟亲和力的影响下，无意识地对"我们"所指代的

---

① 黄来于. 农业集体化是苏联农民幸福生活的源泉［N］. 人民日报，1954-03-04（3）.

各类群体产生认同——唯有社会主义的"我们"才能最终走向共同富裕，资本主义的"他们"不仅远离共同富裕，更是共同富裕的破坏者，最终在两极分化的道路上一去不复返。

表2-2　29年样本中"过分词化"的表征方式举例①

我们（的）	他们（的）
社会主义道路：	资本主义道路：
互助合作	单干发财
农业合作社	一饱暖千家怨
公社化	各有各的路
共同富裕	血腥剥削
社会主义贫农：	资本主义贫农：
积极生产	爱财如命
可靠力量	铜臭
农民革命支柱	发财
社会主义农村经济：	资本主义农村经济：
农业集体经济	单干经济
计划经济	私人经济

（二）高频词与共同富裕内涵指向

就语言概念功能而言，一方面，人称代词的使用帮助界定了具有主动性的说话方同被动的接收方之间的距离及联系，并框定了共同富裕的社会指向和范围，但另一方面，人称代词在反映主、客观世界中所存在的具体事物与发生的具体事件时总显得力所不及。因此，想要更加详细地获知官方媒介如何以话语的方式为当时的人们构筑有关"共同富裕"的思想与意识形态等内容，就必然要扩大文本分析范围，在更大范围内

---

① 高天红.鼓吹资本主义复辟的《两家人》[N].人民日报，1966-08-05（4）.

的语言网络中进行分析，而这一时期在有关共同富裕的《人民日报》文本中反复出现的高频词便是这种语言网络中的关键节点，为了解当时历史背景之下社会与文化的基本结构、基本样态提供了最为便捷的通路。这一时期共同富裕相关报道样本所使用的排名前 20 的高频词如表 2-3 所示。

表 2-3 《人民日报》有关"共同富裕"报道的高频词表（1949 年 10 月—1978 年 12 月）

词汇	频次	词汇	频次	词汇	频次
社会主义	4395	农民	3101	农业	2588
合作社	2265	毛主席	2233	生产	2036
发展	1928	革命	1783	资本主义	1628
思想	1565	国家	1458	群众	1435
农村	1410	道路	1394	人民	1182
劳动	1172	合作化	1047	无产阶级	1036
集体	955	领导	837		

1. "毛主席""领导"下"发展""合作社"转变过去的穷苦为现在的富裕

回顾中国共产党的发展历程，党在建立初期就确立了为中国人民谋幸福，为中华民族谋复兴的初心使命，这一初心使命中同样包含着党带领中国人民走向共同富裕的责任与要求。革命战争年代，毛主席在论及生产问题时多次提及发展合作社。1943 年 10 月 14 日，毛主席在西北高干会中讲到"我愿各地同志注意提倡合作社的生产……合作社都发展起来，全体公私群众就会变为富裕的了"[①]，毛主席系统集中地指明了涉及学校、部队、机关、农村等多场域，同时包含多种业务的多种形式的合作社对共同富裕的重要意义。同年 11 月 29 日，毛主席在招待陕甘

---

① 毛泽东. 经济问题与财政问题 [M]. 延安：解放社，1944：243.

<<< 第二章 通俗质朴的"共同富裕"话语：社会主义制度的确立与巩固（1949年10月—1978年12月）

宁边区劳动英雄大会上的讲话，再次强调合作社是"由穷苦变为富裕的必由之路，也是抗战胜利的必由之路"①。中华人民共和国成立之后，毛主席的这一思想得到更大程度的发展，在之后《人民日报》关于共同富裕的系列报道中更是充分运用了古今对比的话语策略，论证了毛主席所强调的"合作社"在推进共同富裕进程中的重要作用。

对比是较为常用且具有鲜明特色的行文方式，通过直观的正反冲击表达说话方的明晰立意。这一时期通过被压迫的旧社会和独立时期的新社会现状进行过去与现在的对比分析，更能衬托出当下的富裕来之不易，凸显出现在的富裕依赖于毛主席的领导，依赖于合作社的发展。如《人民日报》报道所言，"旧社会哪有咱穷人的活路？后来，毛主席、共产党把我们解放了，我才翻了身"②"咱们走毛主席指引的共同富裕的道路是走定了；咱们绝不走穷的穷、富的富的回头路"③"刀耕火种的个体生产无法摆脱旧社会遗留下来的极端贫困和灾难，改变不了穷山恶水的落后面貌"④"没有了帝国主义，没有了蒋介石匪帮，没有了封建地主，全国人民的日子好过得多了，农民的日子也好过得多了。农民都分得了土地，成了自己土地的主人"⑤"个体生产就是穷和苦，单干就是死路一条！"⑥"毛主席说：'在农民群众方面，几千年来都是个体经济，一家一户就是一个生产单位，这种分散的个体生产，就是封建统治的经济基础，而使农民自己陷于永远的穷苦。克服这种状况的唯一办法，就是逐渐地集体化；而达到集体化的唯一道路，依据列宁所说，就

---

① 毛泽东. 毛泽东选集：第3卷［M］. 北京：人民出版社，1991：932.
② 周尚武, 邱振声. 斩断中国赫鲁晓夫的魔爪, 在人民公社大道上迅跑［N］. 人民日报，1968-09-04（6）.
③ 饶阳县五公大队贫下中农在庆祝组织起来二十五周年时激动地说：毛主席的革命路线指引我们从胜利走向胜利［N］. 人民日报，1968-12-14（3）.
④ 陈世仁. 村红寨红人更红［N］. 人民日报，1968-08-29（4）.
⑤ 熊复. 共产党是农民的引路人［N］. 人民日报，1953-12-02（3）.
⑥ 杨盛旺. 集体化是苗族贫下中农的幸福路［N］. 人民日报，1968-03-26（4）.

是经过合作社'"①。

《人民日报》中关于共同富裕报道中的对比表达，用过去的穷困衬托这一时期的相对富裕，突出强调这一变化的根源在于坚持毛主席的领导，在于坚持毛主席所提出的发展各种形式的合作社。一方面，合作社的有效开展切实推动人民群众生活得到改善，从《人民日报》的系列报道中能够真切感知到人民生活条件、生活环境的变化，是看得见摸得着的，是真真实实存在的。另一方面，官方媒体的报道必然在意识形态层面不断强化着党中央的权威与核心意识，令普通民众发自内心认可毛主席的领导、坚定中国共产党的领导、坚定走社会主义道路，如"毛主席给我们搭起的走向幸福的楼梯"②"广大贫下中农都知道，今天的好日子是党和毛主席带来的，我们坚决跟着党和毛主席走，更好的日子还在前头"③"资本主义个人发财的思想要不得。只有走合作化的道路，才能到社会主义，大家过好日子"④。综合而言，这一时期人民群众生活得以改善原因主要在于共产党、毛主席和人民政府的正确领导。

2. 区别于"资本主义"，共同富裕是"社会主义""国家"的追求

人称代词"我们""大家"等在情感层面将说话者与听话者融为一体，对共同富裕的主体对象进行了界定，即全体人民。在高频词检索中出现的以"苏联""中国"及"社会主义"为代表的具有典型特征与意识形态色彩的一系列具体名词则赋予共同富裕更强的思想与形态。

中华人民共和国成立后，苏联率先表示承认新中国，并同中国建立

---

① 饶阳县五公大队贫下中农在庆祝组织起来二十五周年时激动地说：毛主席的革命路线指引我们从胜利走向胜利 [N]. 人民日报，1968-12-14 (3).
② 纪希晨. 贵州省是怎样向少数民族宣传总路线的 [N]. 人民日报，1954-04-17 (3).
③ 决心永远听毛主席话永远跟共产党走 广州工农兵和革命知识青年严斥"三家村"黑帮反党罪行 [N]. 人民日报，1966-05-24 (2).
④ 高长任. 旧打算和新计划 [N]. 人民日报，1953-12-05 (2).

<<< 第二章 通俗质朴的"共同富裕"话语：社会主义制度的确立与巩固（1949年10月—1978年12月）

外交关系。我国一方面已经处在以苏联为首的和平、民主、社会主义阵营中，另一方面仍遭受着以美帝国主义为首的侵略集团的包围。同作为社会主义国家，亟待建设发展的中国将已经取得较大成绩的苏联作为中国推进共同富裕道路中学习的模范与标杆。在中苏友好同盟的背景之下，这一时期国内对苏联的表达以赞扬苏联高效的农业生产和农民富裕的集体农庄生活等内容建构着以苏联为核心的"共同富裕"话语，比如，"中国和苏联的牢不可破的友好同盟万岁！"①"苏联的农业已成为世界上规模最大和机械化程度最高的农业""苏联集体农民收入很高的""苏联农民的住宅都很舒适漂亮""苏联集体农民不但有富裕的物质生活，同时还享受着高度的文化教育生活"②。诸如此类的形容苏联人民生活富裕的话语既能直接地鼓舞新中国的人们用自身劳动开创自己的富裕生活，也彰显着浓郁的时代气息，反映着当下特定的时代背景。苏共二十大之后，发生波匈事件，国际社会主义阵营发生剧烈动荡，而"苏联"在媒介"共同富裕"话语中的热度发生重大转变，1956年是重要时间节点，在此之后媒介尤其是官方媒介对苏联的报道逐步弱化，次年虽因十月革命四十周年纪念活动的举办再次对"苏联"相关内容进行了系列报道，却最终还是在我国社会主义总路线提出后被"中国"与"社会主义"所取代。也是从这一时期开始，媒介对共同富裕话语的报道聚焦于国内建设，聚焦于中国自身的社会主义建设。

媒介"共同富裕"话语向"中国""社会主义"的转向实质上体现在以下两个方向的延伸扩展中，镜像反映着实践进程中新生政权的巩固发展以及社会主义的建设实际，表明我国官方媒介话语建构指向是服

---

① 中国人民政治协商会议全国委员会庆祝中华人民共和国成立四周年的口号[N]. 人民日报，1953-09-25（1）.
② 黄来于. 农业集体化是苏联农民幸福生活的源泉[N]. 人民日报，1954-03-01（3）.

41

务于、效劳于中国的社会主义建设事业。一方面，媒介"共同富裕"话语走向同社会主义总路线同向同行，同时也和国内此时进行的"大跃进"以及"人民公社"运动紧密联系："实行合作化……使全体农村人民共同富裕起来这样一个社会主义革命的基础之上的……我国的工农联盟又进入了第三个阶段，即建立在人民公社化和逐步实现农业机械化的基础之上的新阶段。在当前全民性的大跃进运动和技术革命、文化革命运动的新高潮中，我国的工农联盟更加生机勃勃地显示出无比的威力……在党的社会主义建设总路线、大跃进、人民公社这三面红旗的鼓舞下，正同工人阶级一道表现出越来越大的冲天的革命干劲，从而使我国的一切社会主义事业取得越来越大的胜利。"[1] 另一方面，媒介"共同富裕"话语走向同国内的民族工作有着千丝万缕的联系。西藏解放之后，"在西藏伟大的社会变革中……党组织的力量不断成长起来，这标志着从农奴制度下解放出来的藏族人民的新觉醒，是共产主义思想在西藏的新胜利"[2]。在西藏反动集团发动叛乱期间，党中央及时行动，粉碎西藏叛乱，并强调坚决彻底贯彻执行"十七条协议"。在此之后"西藏各地农村又整顿了一次互助组……组员们进一步认识到团结互助共同富裕的意义，进一步贯彻了党的互利政策"[3]，从而使"一个长期停滞不前的，政治、经济、文化都十分落后的旧西藏，变成了一个生机勃勃、日新月异、飞速前进的新西藏"[4]。

---

[1] 陶鲁笳. 在列宁的旗帜下 把工农联盟推向更高的发展阶段：纪念列宁诞生九十周年 [N]. 人民日报，1960-04-26（7）.
[2] 翻身奴隶的创业史 [N]. 人民日报，1963-09-15（2）.
[3] 宗子度. 西藏翻身农民辛勤春播争取第五个好年成 [N]. 人民日报，1963-04-24（2）.
[4] 农奴制度彻底摧毁 百万农奴彻底解放 西藏人民革命取得伟大胜利 一个长期停滞不前，政治、经济、文化十分落后的旧西藏，已经变成一个生气勃勃、日新月异、飞速前进的新西藏 [N]. 人民日报，1965-09-01（2）.

3. 这一时期共同富裕的宣传中心着力聚焦于"农民""农业""农村"

共同富裕历来为人民所憧憬、期待，是一种人民理想的生活状态，然而其最终实现必然需要一定社会基础的积累。新中国成立初期我国发展较为落后，产业相对单一，属于典型的农业国家，较为落后的社会主义农业大国必定能走向共同富裕的新观念要为新中国的人民所接受、所相信，官方媒介要肩负起宣传重任，不但需要依据特定的社会背景对之进行有理有节的论证，还需通过相关报道不断鼓舞新中国人民大众的奋斗热情，为共同富裕的存续提供支持与动力。

新中国成立后，综合分析我国基本国情，以农业人口为主的农业大国是我国的显著特征，"农民"构成这一时期社会的主要成员，"农业"是国民经济的重要组成部分，是经济工作的中心，"农村"是主要区域。我国的这一现状意味着，当前中国的共同富裕主体是农民，场域是"农村"，而路径则是推动农业合作化，共同富裕道路同"农业""农村""农民"紧密相连，"农业""农村""农民"顺势成为这一时期《人民日报》关于共同富裕报道的重要话题。近代以来，外来侵略与内部动荡局势下引发的长期的战火，导致中国人民赖以生存的男耕女织、精耕细作、自给自足的小农生活状态被日渐摧毁。新中国在社会主义建设过程中指出："小农经济，也不能使农民共同富裕起来；因为它会生长出剥削人的事情来，而且是分散的、极小规模的，是有许多困难的，是抵挡不了灾害、不便于改进技术的。只有合作化的农业，既能使大家不受剥削，又能使生产不断增加，所以也就能使全体农民一同富裕。"[①] 基于合作化农业生产的重要意义，《人民日报》于1953年开设了"向农民宣传总路线"的专栏，其中诗人郭小川的文章直接把共同富裕与农民、

---

① 柯克明，杨叶. 农业生产合作社有些什么好处［N］. 人民日报，1954-03-20（2）.

社会主义连在了一起，一再宣称"社会主义的路是农民共同富裕的路"①，"农民是劳动者，是广大农村中物质和文化生活的积极创造者"②，也由此成为我国媒体倡导推动全体农民走向共同富裕的基础论据。

坚持全体农民走向共同富裕，对如何改善农民自身生活，转变农民生存条件，成为党和国家需要思考的重要现实问题，与此同时党中央已经深刻意识到农民生活水平的提高必须建立在农业生产发展的基础之上，因而以《人民日报》为代表的党性媒体开始遵循社会发展规律，遵循党的路线方针政策，试图积极建构"农业""农村"建设话语，以此宣传共同富裕道路上的各项举措，以在完成对共同富裕观念进行论证任务的同时，鼓舞农民通过劳动实践在共同富裕道路中持续奋斗。具体来说，农民走向共同富裕更需在农业生产以及农村面貌上下功夫，因而媒介中多次强调"农业合作化的道路是挽救农民免于破产、使农民共同富裕的道路"③"只有发展互助合作才是使全体农民共同富裕的正确道路"④。农业生产合作社的优势就在于"它能使农业产量提高，能使社员收入增加；还能使全体农民共同富裕起来，能带领农民一步一步向社会主义前进"⑤只有将广大农民群众积极性调动起来，充分发挥集体的力量，才能克服暂时的困难，"才能使广大农民共同富裕起来，彻底改变农村面貌"⑥。以上系列媒介话语表明发展"合作社"既是农民走向共同富裕的先决条件，更是全体农民共同富裕道路的题中之义。"农

---

① 郭小川. 社会主义的路是农民共同富裕的路 [N]. 人民日报, 1953-12-12 (3).
② 对待农民应坚持说服教育的方针 [N]. 人民日报, 1954-01-05 (1).
③ 陈昌浩. 恩格斯论农业合作化：纪念恩格斯诞生一百三十五周年 [N]. 人民日报, 1955-11-28 (2).
④ 全国农村普遍宣传总路线　推动了互助合作运动和生产、购粮工作 [N]. 人民日报, 1954-01-04 (1).
⑤ 柯克明, 杨叶. 农业生产合作社有些什么好处 [N]. 人民日报, 1954-03-20 (2).
⑥ 薛宗理. 集体化的道路我们走定了 [N]. 人民日报, 1967-05-05 (3).

业集体化是'使全体农村人民共同富裕起来'的必由之路。"[1] 国家对农业的社会主义改造，就是以合作社的方式改善农业生产条件，提升农民收入水平和生活状况，进而逐步改变过去农村的落后面貌。

4. "人民""群众"通过"集体"模式的"劳动""生产"实现共同富裕

不论是参与共同富裕建设还是共享共同富裕成果，其中永恒不变的行为主体是"人民"，是广大"群众"，不同领域、不同行业的人在各自的身份后承担着各自的特定角色与功能。萌芽期的媒介"共同富裕"话语在描绘理想社会图景的过程中，既尝试从实践层面结合"劳动""生产"等共同富裕建设过程，又试图从主体视角连接"人民""群众"，不仅表现出了媒介对主体性角色的极大关注，还试图激活这些主体在话语实践中的双重功用——既以"受事者"的角色证实话语的可信性，又以"施事者"的行动实践成为话语鼓动的对象。

"共同富裕的参与者、建设者、享受者"是"人民""群众"在当时媒介话语中的身份定位。就参与者与建设者而言，媒介话语宣称"全国人民一致努力，继续深入抗美援朝运动，做好优抚工作，支持中国人民志愿军，争取朝鲜停战协定的彻底实施"[2]，保卫国家，为共同富裕创造和平安全的外在条件；在具体的共同富裕实践中媒介话语表达为"全国人民一致努力，增加生产，增加收入"[3]。从主人翁角度出发，媒介话语强调"一切计划都必须经过群众的充分酝酿和充分讨论"[4]，

---

[1] 陈万志. 单干给我死路 集体化给我生路 [N]. 人民日报, 1968-12-14 (5).
[2] 中国人民政治协商会议全国委员会庆祝中华人民共和国成立四周年的口号 [N]. 人民日报, 1955-09-25 (1).
[3] 中国人民政治协商会议全国委员会庆祝中华人民共和国成立四周年的口号 [N]. 人民日报, 1955-09-25 (1).
[4] 中国共产党中央委员会关于发展农业生产合作社的决议 [N]. 人民日报, 1954-01-09 (1).

既避免保守又能防范空想。同时从党和国家层面出发要"发动群众，以便把运动引到正常的轨道上来"① 以拥护支持过渡时期的总路线。从"享受者"角度出发，媒介话语强调"全心全意地实事求是地为人民群众的利益服务！""保障全国人民生活""中国共产党和人民政府的一切政策，归根结底，都是为了发展生产力、提高人民的物质和文化生活水平"。另外，共同富裕自身特性方面媒介突出"社会主义是劳动人民共同占有生产资料（土地、大农具、大牲畜等），也就是生产资料公有制"。公有制进一步奠定了人民群众共同富裕的参与者、建设者、享受者身份。

同样值得关注的是，媒介还根据社会的需要强调共同富裕主体对未来共同富裕生活的捍卫与创造。有关"劳动"和"生产"的施动性话语经常出现于这一时期的媒介话语之中，如"社会主义是不会自己跑来的，必须大家努力劳动来建设它"②。而随着社会主义建设的发展与农业集体化的推广，劳动和生产等动词在共同富裕实践中的作用逐渐为党和政府所重视，这甚至导致媒介以直白的话语进行呼吁，如"依靠自己劳动的所得改善自己的生活，是光荣的，不努力劳动并因而减少了收入，这是可耻的"③。"实行了社会主义，生产的东西特别多，所以大家都能一年比一年富裕……谁劳动得好、劳动得多，谁得的报酬也多。有劳动力的人不劳动就没有饭吃"④。

总的来说，这一时期的媒介"共同富裕"话语通过以上高频词汇

---

① 对待农民应坚持说服教育的方针 [N]. 人民日报，1954-01-05 (1).
② 郭小川. 社会主义的路是农民共同富裕的路 [N]. 人民日报，1953-12-12 (3).
③ 中国共产党中央委员会关于发展农业生产合作社的决议 [N]. 人民日报，1954-01-09 (1).
④ 郭小川. 社会主义的路是农民共同富裕的路 [N]. 人民日报，1953-12-12 (3).

<<< 第二章 通俗质朴的"共同富裕"话语：社会主义制度的确立与巩固（1949年10月—1978年12月）

的反复使用，进一步为受众强化了"社会主义道路是共同富裕的阳关大道"① 的新观念，并对之进行了详细阐释、论证，这事实上是对以第一人称为核心的媒介话语所进行的细化。如果说单纯的"我们"只是意识形态对当时中国人民略显空洞的唤询，那如上高频词及其后隐喻的使用，不仅为这种唤询置入了更加明确的身份信息（如农民、群众、人民等）及更加可感的实质性含义（如建设、劳动、生产等），还为其创造了更具亲和力的表达方式。

（三）隐喻与共同富裕表达的形象化

隐喻（Metaphor）一词来源于希腊语，是希腊语 meta（超越）和 Pherein（转移）的结合，意味着跨越或超越。美国语言学家乔治·莱考夫和美国哲学家马克·约翰逊创作的语言学著作《我们赖以生存的隐喻》从认知角度对隐喻进行了多维分析，打开了隐喻性语言认知的新纪元。隐喻在其修辞表达功能之下，作为一个概念系统及表达体系，转变了过去人们朴素的观察事物、思维及行动的传统方式，塑造着我们看待和体验世界的方式和能力。隐喻作为人赖以生存的认知基础之一，萨丕尔（Edward Sapir）强调"不论我们从哪一个角度观察世界，都需要以隐喻作为其组织基础"②。

显然，上文所讲到的隐喻功能并非轻而易举、直接就能实现，隐喻功能的发挥需要存在两种不同的事物，并且在不同的两者间比较其中的共性所在，其中不同人群不同的经验域影响、制约隐喻功能的发掘与实现。通常来说，隐喻会通过一种被广为熟悉、了解且具体、清楚的概念或形态格局去理解、建构另一种抽象、繁杂、深奥、不易理解的思维想

---

① 林铁. 光辉的路程：为五公公社集体化二十周年而作［N］. 人民日报，1963-11-26（2）.
② FOSS S K. Rhetorical Criticism: Exploration and Practice, 2nd ed.［M］. Long Grove, Illinois: Waveland Press, 1996: 191.

象，帮助广大群众更好理解后者所要表达的具体内容。例如，"全世界是一个舞台，所有的男人和女人都只是演员"。世界实际上不是舞台，但它被比作舞台，这意味着生活就像舞台上的一出戏，而我们都只是演员，上演着不同的戏码。通过舞台将世界这一抽象、无形的概念具体化、可视化、生活化，通过这种形式表达人们对于生活问题的解决办法及行动方向，隐含着说话方对于世界的思维认知。再如，政治宣传口号当中的"祖国母亲"，借助母亲拉近群众和祖国之间的距离，体现其中的亲密关系，某种程度上向人们暗示着国家层面、政治层面统治方对人民群众意识形态的控制与期许，强化人民群众的爱国热情。

　　以上对这种文学以及政治隐喻的具体分析显然为传播视角下的意识形态研究提供了新的路径——正如乔治·莱考夫（George Lakoff）等人所提出隐喻性语言认知即当人们自觉意识、理解并接受一个隐喻时，必然会依据隐喻输出方给定的来源域对目标域进行认知解读，而这通常只能实现对输出方所强调的目标域的某些方面的强化理解，而其他部分难免会被忽视或被掩藏。因此，在分析隐喻的过程中需要结合、借鉴批判性话语分析的方法，方能全面、深层次探究概念既定隐喻背后容易被忽视和掩藏的意识形态与修辞意图，其中的重点就在于要透过复杂思维系统清晰识别并分析背后的逻辑进而重新解释事实，甚至在此基础之上形成以现实为目的的更高层次的"评价性隐喻"。因此，为了尽可能接近预想的隐喻，分析实现的目标，在隐喻分析部分单独选取最具有代表性且价值最高的部分隐喻典型进行具体深入的分析，而不再回归语料库挖掘各个时段各个类型的全部的隐喻内容。

　　本阶段的媒介"共同富裕"话语使用了多种形式的概念隐喻推动抽象、枯燥的政治意义向具体、现实的生活世界延伸，其中的绝大多数，例如，"道路"与"乐园"，"野兽"或"导师"等都已超越了单个名词自身所具备的简单的描述性功能，在来源域与目标域的映射过程背后提供了更为明确的评价性信息，其中动物隐喻的运用尤其如此。

表2-4动物隐喻及其修辞意图的逐级分析（1949年10月—1978年12月）展示了这一时期媒介"共同富裕"话语如何通过动物隐喻逐渐地达成其预期的修辞意图，进而实现增强新中国成立初期广大民众的社会主义意识形态的目标。整体而言，在官媒的宣传报道中所使用的动物隐喻给予了读者更多的隐性信息，在目标域与来源域的对比映射中帮助读者更好地理解报道内容，更容易引发读者共鸣。另外由于"过度词化"的大量使用，使隐喻中来源域同目标域之间的映射关系呈现多对一的形式，如"牛""蛇""豺狼"等多种来源域均可映射至帝国主义目标域，这就潜移默化、不自觉地在读者心中为"帝国主义"赋予了以上此类动物邪恶、残暴、凶狠、贪婪等的多重贬义特性，"帝国主义""亲帝分裂主义分子"以及"反革命分子"也以"他们"即共同富裕破坏者形象出现于这一时期的报道之中。此外，大量的动物隐喻的使用除了要表达其自在的修辞意图，还通过主意图与次意图的区隔传达了报道中意识形态强弱的逐级进阶关系。由于这一时期报道动物隐喻使用较为繁杂，因而表2-4中次意图向主意图的过渡无法进行详细具体的展示，但通过主意图A与主意图B背后的潜在关联能够明确的是，不论是社会主义集体中的"我们"与共同富裕怀疑者的"他们"，还是新社会的"当下"与旧社会的"过去"，这些外在形式表达相异的修辞意图均以自身独特的方式向读者们诉说着社会主义性质的新中国与理想的共同富裕社会的同构性。

表2-4 动物隐喻及其修辞意图的逐级分析（1949年10月—1978年12月）

目标	修辞意图		隐喻组成		例句
	主意图	次意图	目标域	来源域	
新中国初期社会主义意识形态的强化	"我们"与"他们"的区隔（A）	"他们"怀疑、不相信、破坏共同富裕	帝国主义	牛蛇豺狼	让帝国主义、现代修正主义、各国反动派以及国内一小撮反党反社会主义的**牛鬼蛇神**发抖吧① 不拿枪的猎手，不仅打不了**豺狼**，还可能被**豺狼**吃掉；不读马列的人，不仅战胜不了修正主义，还可能当俘虏②
			亲帝分裂主义分子	走狗	首先团结一切可以团结的爱国力量，集中打击帝国主义及其忠实**走狗**——亲帝分裂主义分子，然后再逐步地改革封建农奴制度③ 我们牢记毛主席的教导："决不可因为胜利，而放松对于帝国主义分子及其**走狗**们的疯狂的报复阴谋的警惕性，谁要是放松这一项警惕性，谁就将在政治上解除武装，而使自己处于被动的地位"④
			反革命分子	鸡老虎	一些满脑子资本主义的人，都断言中国农村的面貌不可能改变，就像"**鸡**毛永远上不了天"⑤ 类似吉林省所逮捕的郑殿铭那样的反革命分子，在云南省已发现多起。和**老虎**在一起睡觉的情况，异常严重⑥

---

① 南方日报. 毛泽东思想威力无穷：广东省博罗县黄山之同农民在革命化的道路上奋勇前进［N］. 人民日报，1966-08-27（2）.
② 马克思主义的光辉普照西藏高原［N］. 人民日报，1976-05-30（1）.
③ 中共西藏自治区委员会. 毛主席的旗帜是西藏革命的胜利旗帜：纪念伟大的领袖和导师毛主席逝世一周年［N］. 人民日报，1977-09-23（2）.
④ 敌人不会自行消灭［N］. 人民日报，1967-01-25（6）.
⑤ 必胜之路［N］. 人民日报，1975-01-05（1）.
⑥ 在第一届全国人民代表大会第二次会议上的发言（之一）［N］. 人民日报，1955-07-31（3）.

续表

目标	修辞意图 主意图	修辞意图 次意图	隐喻组成 目标域	隐喻组成 来源域	例句
新中国初期社会主义意识形态的强化	"当下"与"过去"的区隔（B）	旧社会无法实现共同富裕	旧社会的劳动人民	牛马猪狗	在解放前（新中国成立前），由于国民党和地主恶霸的压迫与剥削，加上连年的水旱灾害，广大群众常年过着**牛马**不如的生活① 解放前（新中国成立前），我给地主当了十多年长工，吃的是**猪狗**食，干的是**牛马**活②

除去隐喻的语言功能，还需注意的是隐喻在文化中也扮演着重要的角色，隐喻与文化相互影响、相互渗透，共同构成一个文化的世界。因此，隐喻中来源域的选择虽由输出方决定，但这一选择也受制于特定历史时期所特有的社会文化语境。中国人口与发展研究中心的统计数据表明，从中华人民共和国成立到改革开放，中国农村人口始终占中国总人口的绝大多数，始终不低于80%。中华民族数千年的农耕文明历史及这一时期仍旧存在的大量的农业人口不仅深刻地塑造了全体国民的文化思维与语言结构，甚至在中华人民共和国成立初期的中国人民心中形成了一套近乎完备的较为传统的认知框架，影响甚至主导着人们对整个世界的理解与认知。动物隐喻的广泛使用实质上是对当前以农民群体为代表的知识水平相对较低的大众认知框架的迎合。以此方能使农民群体通过生活中熟悉且熟知的人、事、物感受报道中强烈的情感投射，实现最大程度的心理与情感共情，最终达到相关报道预期中所期望的隐喻映射效果。

---

① 马楼今昔 苏殿选代表谈公社化给马楼人民带来的幸福［N］. 人民日报，1960-04-11（15）.
② 王桂生，曹培英，王虎观，等. 我们贫下中农坚决把中国赫鲁晓夫批倒批臭：江苏太仓县洪经大队贫下中农大批判的部分发言［N］. 人民日报，1967-11-21（4）.

三、话语实践：共同富裕的互文性建构

费尔克拉夫认为话语秩序正是社会秩序在话语层面上的体现，所以它既是实践的（我在说）又是结构的（我被决定了怎么去说）。话语实践是费尔克拉夫批判话语分析方法的第二层次，强调从生产与接受的双方出发，探究其如何生产又如何被接受与消费。任何文本都不同程度地与其他文本发生联系，比如，直接或间接的引用、转述、比喻等。因此，费尔克拉夫将互文性应用于话语实践分析之中以实现中观层面对文本生产、分配和消费过程的深入解读。

（一）互文性：话语分析工具

互文性又被翻译为文本间性，发端、衍生于俄国文学家巴赫金的对话理论、复调理论以及文学狂欢理论。20世纪60年代，法国符号学家克里斯蒂娃（Julia Kristeva）在文本概念基础之上正式提出互文性，并在其后的发展中逐渐成为后现代、后结构批评的标识性术语。在克里斯蒂娃看来，任何一个文本都无法单独出现，新文本的产生必定存在着同其他文本的交互参照、交互指涉。因此，任何文本都是一种互文，其中不可避免地潜藏着其他文本的身影，包括之前存在的文本以及周围文化的文本。诚如克里斯蒂娃自己所言"每一个文本把它自己建构为一种引用语的马赛克；每一个文本都是对另一个文本的吸收和改造"[①]。随着结构主义和后结构主义的崛起，克里斯蒂娃的互文性理论在更多领域得到扩展与延伸，作为符号学概念的互文性日渐成为跨学科、多学科所通用的理论，其中罗兰·巴特、里法泰尔、奈采、福柯、热奈等学者对互文的理论建构与深化做出了突出贡献。互文性的多元发展使其从过去仅强调文本与其他文本之间的关系开始转变为除了重视文本与文本间的相互联系，同时也关注文本与文化的表意实践之间的关系。"一部作品

---

① 程锡麟. 互文性理论概述 [J]. 外国文学, 1996 (1): 72-78.

<<< 第二章 通俗质朴的"共同富裕"话语：社会主义制度的确立与巩固（1949年10月—1978年12月）

在一种文化的话语空间中的参与，是指一个文本与某一种文化的多种语言或意指实践之间的关系，以及这个文本与那些表达了这种文化的诸多可能性的文本之间的关系。"① 互文性理论的这一进步更大程度地拓宽了互文性的研究领域与视野，在以新闻报道为代表的非文学语篇中频繁使用的代表不同人群利益的引语，同作者自身的立场观点等在文化、内容等方面形成的互文关系在语篇中得以具体呈现出来，这就为分析新闻报道语篇中的意识形态提供了更多的理据、方法与道路。

正因为互文性多领域、多学科的交叉融合发展，互文性的概念被费尔克拉夫当作话语实践中文本生产、消费与解读分析的重要方法。费尔克拉夫在其《话语与社会变迁》一书中谈道：互文性概念指向文本的生产能力……人们不仅能够在特定的霸权和霸权斗争的国家中，勾画出互文性过程的可能性和限制性条件，而且能够在理论上认识到，互文性过程和话语的竞争与重建秩序的过程是话语范围内的霸权斗争的过程，它们已经在更加宽泛的意义上影响了霸权斗争，同时也被这样的斗争所影响。②

费尔克拉夫认为互文性需同霸权理论相结合，为此，他吸收借鉴了克里斯蒂娃横、纵两个方向的分类思想，横向即水平互文性（Horizontal Intertextuality），强调文本中话语既属于写作主体也属于接受者，纵向即垂直互文性（Vertical Intertextuality），强调话语内容是文本中的语词，和之前或当下的文学材料相关，互文的出现就缘于横纵两方的交叉。另外，他还参考了詹尼（Jenny）"强势互文性"与"弱势互文性"的互文性划分方式，前者指明显存在的互文性，即显性互文性强调语篇中的直接包含关系，如拼凑、引用等；后者为隐含的互文性，即隐性互

---

① CULLER J. The Pursuit of Signs [M]. New York: Cornell University Press, 1981: 103.
② 费尔克拉夫. 话语与社会变迁 [M]. 殷晓蓉, 译. 北京: 华夏出版社, 2003: 94-95.

文性强调语篇内容的相关性。最终，费尔克拉夫在前人基础之上提出"明确的互文性"（Manifest Intertextuality）与"建构的互文性"（Constitutive Intertextuality 或 Build Intertextuality）两大互文性范畴。"明确的互文性"指的是直接引用；"建构的互文性"指转述和混合，后者相比于前者是在以一种伪装、隐蔽的形式传递着权力。通过建构的互文性，官方或其他势力的声音会被转化为媒介自己的声音，或是两种声音的混同，而媒介总是面向大众而说话，常常使用适合大众理解的话语，这样一来，权力一方的声音得以悄无声息地传递开来，而权力自身的声音中所携带的支配感和强迫感在向大众传递的过程中得以消解。由于费尔克拉夫的分类方式并没有特别指明频繁出现于报道中他者话语的归属问题，因此，下文在对新闻报道类的互文性分析时主要采用国内学者辛斌的"具体互文性"观点对本时期的媒介"共同富裕"报道进行话语实践分析，即从"具体互文性"出发研究新闻报道中真实的、有出处的或具体来源的他人的话语。

（二）具体互文性：共同富裕的言说

国内学者辛斌强调的"具体互文性"和费尔克拉夫在"明确的互文性"中所谈到的在语篇中被直接引用的内容，如引用、转述、比喻等，以及詹尼"强势互文性"中强调的那些模仿、拼凑、抄袭部分，说明他们对语篇文本关注的重点早已超越这些文本自身以及其所在的语篇，且已转向语言文字背后的社会文化与功能。正如克里斯蒂娃所言，"互文性的引文从来就不是单纯的或直接的，而总是按某种方式加以改造、扭曲、错位、浓缩或编辑，以适合讲话主体的价值系统"[①]。《人民日报》在社会主义革命与建设时期的报道中大量使用了一系列直接或间接引语帮助完成"共同富裕"话语的建构，展现的正是社会主义新

---

① 程锡麟. 互文性理论概述 [J]. 外国文学, 1996（1）：72-78.

<<< 第二章 通俗质朴的"共同富裕"话语：社会主义制度的确立与巩固（1949年10月—1978年12月）

中国以及中国共产党如何通过"具体的互文性"在全社会范围内为人民谋求共同富裕的共同期盼。

在这一时期的391篇报道样本中，有259篇（66.2%）使用了直接引语，105篇（26.9%）使用了间接引语，直接引语或间接引语在新闻报道中的使用在客观上实现了语用效果的互动与传递。一方面，新闻报道中的直接引语是报道者对说话者原话的完整引述，完备地保留了原话的内容与风格，同时又通过一系列行为动词表达了原本的说话方式，这使报纸当中的"走社会主义共同富裕的道路"更加具有说服力和可信度。另一方面，直接引语的使用实现了对话视角的绝对还原，让读者真正从输出方视角感受话语内容，同时也将说话人与报道者区别开来，在这样的报道中大众读者更能感受到不论是国家还是社会层面一再强调的"社会主义的共同富裕"不只属于特定的新闻报道者，或是其背后所代表的知识分子、精英阶层等，更属于可能与"我"身份相同的工人、农民等原始发话人。

从具体报道样本来看，报道中所选取的引语主要以普通群众话语为主要来源，其目的也是在谋求类似的效用。经过人工筛查发现，普通民众话语是报道样本中数量最多的，其中农民、工人群众话语是最受欢迎的引语来源，年平均使用篇数也处于领先水平。农民、工人等群众话语内容呈现举例如下：

"我们农民的任务是搞好生产，多打粮食，支援国家建设。资本主义个人发财的思想要不得。只有走合作化的道路，才能到社会主义，大家过好日子。"[1]

"我的田只是早稻就比去年全年增产了一成八，晚稻还能再收三石

---

[1] 高长任.旧打算和新计划[N].人民日报，1953-12-05（2）.

多谷子。去年差两个月口粮,今年还能剩石把谷子。真是有了共产党的领导,我们的日子就越过越好。"①

"农业社给我成了家,立了业;要不是农业社,我的骨头也让狗啃了。"

"土地改革是个小翻身,入社是个大翻身,棒子打也别想把我打出社去了。"②

"我亲身体会到发展工业给我们带来的好处。一九五○年以前,我们还用手锤打眼,干活尽用人力。到一九五一年就有风锤、电钻、风镐等工具了,现在又有了割煤机。但是我们知道,建设工厂、制造机器需要花钱。钱从哪里来呢?主要靠我们搞生产创造财富,而发行公债也是积累工业化资金的重要方法。"③

"我们最大的收获是越发感觉到我们祖国了不起,也懂得了工人阶级凭什么领导咱们和工农联盟的重要意义。"④

……

社会主义革命与建设时期"共同富裕"报道对老百姓话语的大量引用大大超过党政干部话语并且一时间成为当时媒介报道的主流风尚。新闻报道中对群众话语的直接引用在很大程度上为读者营造了一种身临其境的氛围意识,即社会主义的共同富裕不是仅存在于报纸中的文字报道,并非官方媒体依据政党意志、要求等制造的"虚幻景象"或许下的"空头支票",而是作为报道之外的每一个个体的、普通的、大众的

---

① 燕凌. 介绍沁县泰安等地紧密结合生产 做好购粮工作的经验 [N]. 人民日报, 1953-12-06 (2).
② 郑浩, 姚文锦, 赵瑞. 陈家庄农业生产合作社带领困难户走上了共同富裕的道路 [N]. 人民日报, 1954-01-13 (2).
③ 踊跃购买经济建设公债 [N]. 人民日报, 1954-01-31 (1).
④ 湜辛. 深入宣传工农联盟的思想 [N]. 人民日报, 1954-03-29 (3).

<<< 第二章 通俗质朴的"共同富裕"话语：社会主义制度的确立与巩固（1949年10月—1978年12月）

"我"都能真切地感受到那些与"我"一样的普通人正在与作为读者的"我"面对面地进行亲密对话，报道中的"他们"不仅在社会主义革命与建设时期的新中国切身感受到了生活条件的日益改善、富裕水平的不断提高，并且还在去同是社会主义国家苏联参观、学习的过程中看到了未来社会主义的富裕前景，"他们"用他们的所见所闻、亲身经历告诉"我"参与农业合作化运动、农业合作社以及农村互助是多么正确的选择，而这同样也会是"我"的亲身经历。与此同时，这一时期马克思、恩格斯、列宁等马克思主义经典作家的话语也为这一时期的媒介所大量引用，如：

马克思、恩格斯就说过："变资本为社会全体成员所有的集体财产，这并不是变个人财产为社会财产。"①

恩格斯教导我们说："我们党的义务是随时随地向农民解释他们的处境在资本主义还统治着的时候是绝对没有希望的，要保全他们那样的小块土地所有制是绝对不可能的，资本主义的大生产将把他们那无力的过时的小生产压碎，正如火车把独轮车、手推车压碎一样是毫无问题的。"②

"恩格斯还指出了国家对合作社给予帮助的重要性：'或是从邻近的大领地中拨出田地给农民合作社，或是给他们以资力和可能性去进行副业工作，哪怕主要是为了他们自己的消费。在这两种情况下，他们都将处于较好的经济地位，并且这将同时保证中央社会政权具有必要的影响，逐渐把农业合作社转变为更高级的形式……可能我们这样便能够给

---

① 李毅弘. 政治经济学社会主义的国民经济体系：学习笔记（一）[M]. 兰州：甘肃人民出版社，1957：49.
② 中共中央马克思恩格斯列宁斯大林著作编译局. 马克思恩格斯文集：第4卷 [M]. 北京：人民出版社，2009：527.

这些合作社提供更多的裨益。'"①

"无产阶级不追求个人或小集团的私利，而要从根本上消灭人剥削人的制度，走共同富裕的道路，实现全人类的彻底解放。"②

列宁说过："当人们还不会从任何一种有关道德、宗教、政治和社会的言论、声明和诺言中揭示出这些或那些阶级的利益时，他们无论是过去或将来总是在政治上做受人欺骗和自己欺骗自己的愚蠢的牺牲品的。"③

……

马克思主义经典作家等的话语引用以及"向农民宣传总路线"这一专栏的开设，在读者的意识中不断制造代表科学的理论话语与代表大众的群众话语的虚拟对话，并以此暗示读者，共同富裕是社会主义国家的本质要求与共同目标，我国人民期盼的共同富裕的生活是在科学社会主义理论指导下的为人民大众所广泛接受并在实践中已经逐步践行的生活模式。

四、社会实践：共同富裕与社会变革

话语是时代声音的反映，也是时代创新的产物。话语作为一种社会实践形式是费尔克拉夫在其话语分析第三层次中尤为强调的内容，其认为，语言的使用同社会发展紧密相关，语言既表达时代声音还同时代彼此作用，相互影响。对《人民日报》中的媒介"共同富裕"话语进行社会实践层面分析的根本原因，就是为了从宏观层面揭示一定时期社会

---

① 陈昌浩. 恩格斯论农业合作化：纪念恩格斯诞生一百三十五周年 [N]. 人民日报，1955-11-28 (3).
② 林为民. 读恩格斯的一则《自白》[N]. 人民日报，1976-07-23 (2).
③ 本报特约评论员. 马克思主义者怎样看待物质利益 [N]. 人民日报，1978-09-12 (1).

<<< 第二章 通俗质朴的"共同富裕"话语：社会主义制度的确立与巩固（1949年10月—1978年12月）

文化的发展变迁对媒介"共同富裕"话语的生产、传播等所产生的影响和作用，并探索媒介"共同富裕"话语又会对社会文化发展产生何种影响与反作用。

（一）"共同"基础上的"物质需求"

从语言学、构词学等角度来看，共同富裕是由"共同"和"富裕"两个单个名词组合构成的一个复合名词，因而在共同富裕话语内涵层面必然包含着两个方面的内容。从这一层面而言，共同富裕话语内涵的第一方面"共同"实质上指的是生产关系层面的内容，体现的是社会成员对财富的占有方式；另一方面"富裕"指的是生产力方面的内容，体现的是社会对财富的拥有程度。在社会主义中国，共同富裕就是在社会主义道路上实现全体人民的富裕，因而我们在对共同富裕的全面认识中也一再强调，共同富裕是物质、精神、生态等多方面的共同富裕。物质共同富裕指的是人民生活的富裕，包括衣、食、住、行等方方面面；精神共同富裕指的是人们在思想、精神、文化等方面的充分满足和发展，强调文化生活的丰富多彩；生态共同富裕指的是环境的绿色健康可持续等。

依据前期挖掘的文本数据，能够发现从1949年10月至1978年12月共同富裕报道的基本趋势为：新中国成立初期，尤其是1953年至1956年的报道尤为强调社会主义决定了共同富裕的必然性，1956年至1978年的报道注重在共同的基础上强调人民的物质富裕层面的内容。社会主义革命完成与建设推进时期的报道样本基本覆盖了以上提到的多种共同富裕类型，但不同类型间的话语权重存在极大差异——对生态、精神等共同富裕的关注度明显不足，但围绕物质共同富裕的报道呈现压倒性优势，甚至长期超过精神共同富裕与生态共同富裕等的话语总和。这种"共同富裕"话语向"共同"以及"物质需求"一边倒的态势从本质上体现为社会结构的某种媒介镜像。

首先，中国共产党七届二中全会对迎接全国革命胜利和新中国建设等作出重要指示，尤为鲜明地指出革命胜利后党的具体工作任务。其中着重强调要将中国由新民主主义社会发展到社会主义社会，向社会主义过渡是这一时期新中国发展的主要方向，这为共同富裕中的"共同"指明了道路。要实现共同富裕、要保证"共同"必须坚定不移走社会主义道路，就必须毫不动摇确立社会主义制度。而过渡时期所提出的社会主义改造、过渡时期总路线等政策方针，最终目的在于改变我国经济结构和阶级关系，建立全民所有制和集体所有制两种公有制形式的社会主义基本经济制度，建立按劳分配的社会主义分配制度，进而确立我国的社会主义制度。这一时期，针对个体农业创造了以初级农业生产合作社为中心环节的各种互助合作形式；对个体工商业采取了经过供销合作小组过渡到供销生产合作社，再过渡到手工业生产合作社的方式；对资本主义工商业创造的加工订货、统购包销、经销代销、公私合营、全行业公私合营等国家资本主义形式等都是过渡时期向社会主义转变过程中中国共产党所创造的一系列适合中国特点的过渡形式，是更为具体的过渡举措。基于这一时期过渡任务的极端重要性，1953年至1956年的新闻报道主要以意识形态控制为主，以具体的过渡形式为主要内容宣传新中国的社会主义举措，由此强调生产关系的"共同"。如：

"发展农业生产合作运动，必须以积极的宣传活动来占领思想阵地，以确凿的事实，打破群众的一切疑虑，使广大农民认识这是一条大家共同富裕的路，是他们唯一应该走的路。"①

"我们已经知道，总路线就是一步一步过渡到社会主义的路线。农业怎样过渡到社会主义呢？最根本的办法就是发展互助合作，把一家一

---

① 林韦. 山西沁县农业生产合作运动发展的条件 [N]. 人民日报, 1953-11-22 (3).

<<< 第二章　通俗质朴的"共同富裕"话语：社会主义制度的确立与巩固（1949年10月—1978年12月）

户分散经营的小生产，一步一步都联合成能够采用先进技术的集体大生产，把农民个人土地所有制，按照农民自愿，一步一步改变成为土地集体所有制。只有这样，才能生产出来国家和农民自己足够用的粮食、棉花和别的农产品。只有这样，才能大家共同富裕。"①

其次，1956年三大改造完成之后，社会主义制度在新中国正式得以确立。党的工作重心逐步从乡村转移到城市，以生产建设为中心任务成为社会主义发展的主要方向。社会主义制度的确立也随着国民经济恢复与发展，经历了长久战乱的中国人民终于有机会实现富裕生活，终于能够在和平的国内环境中谋求发展，外部环境的发展变化对人民群众内在的影响体现为人民群众对物质的需求日益增强，并因此造就了以大力发展生产力、提升生产效率为主要内容的物质富裕唱主角的媒介话语现实。1956年至1978年的新闻报道对于物质富裕的话语呈现如：

"改进落后的生产技术，提高劳动生产率，并在此基础上，逐步地扩大公共积累，逐步地由手工生产改变为半机械化、机械化生产。"②

"继续发展生产的基础上，继续逐步地提高我们的生活水平。"③

"生活水平提高，劳动出勤率提高，生产质量提高。"④

"一九七四年粮食亩产达到一千一百三十斤，皮棉亩产一百一十多斤，农副业总收入达到二十万元，每人平均纯收入一百零二元。社员的

---

① 吴江. 实行总路线要发展互助合作 [N]. 人民日报，1953-11-30（3）.
② 动员一切积极因素，为进一步发展生产、巩固和提高手工业合作组织而奋斗！白如冰在中华全国手工业合作社第一次社员代表大会上的报告摘要 [N]. 人民日报，1957-12-17（3）.
③ 加速社会主义建设　进一步改善人民生活　让我国一亿个家庭都做到克勤克俭　杨之华代表的发言 [N]. 人民日报，1958-02-18（9）.
④ 刘载金，童猛. 论吃饭不要钱 [N]. 人民日报，1958-10-24（8）.

生活水平逐步提高，一些困难户的生活也有改善。"①

（二）话语运作的现实性与共识制造

新闻报道，尤其是官方媒体的新闻报道，其在内容层面直接代表着官方的立场以及政策等，借助媒体的宣传，在特定时段凝聚着人民对于某一事件的共识，进而提升民众团结的力量，实现强大合力。爱德华·S. 赫尔曼和诺姆·乔姆斯基在其《制造共识》一书中指出新闻报道本质上是一种"宣传模式"，目的则是"制造共识"（Manufacturing Consent）。各国在新闻报道中无一例外体现着国家利益、意识形态和价值观等，以媒介为载体在大众传播过程中形塑民众共识。20世纪中期，代表着社会主义的新中国正式成立，我国取得了政治、经济等领域的统治，但长期的动荡与战争使局部地区的热战以及意识形态领域的争锋仍旧此起彼伏，为了巩固新生的社会主义政权，统一主流意识形态，作为官媒的《人民日报》通过对"共同富裕"话语的征用谋求全民共识，其中显示出了极强的社会主义现实性。

从意识形态层面出发，在美苏两大阵营对抗的全球背景之下，新中国在道路方向的选择中毅然坚持社会主义道路不可避免地被卷入世界意识形态的对抗之中。作为官方媒体的《人民日报》须义不容辞地肩负起巩固新生政权的宣传使命，凝聚起重获新生的中国人民对于坚定社会主义的信心，通过宣传报道让人民相信社会主义对于实现人民共同富裕生活的绝对意义，并且只有官媒积极、正面的报道才能更好地抵御这一时期来自西方资本主义意识形态的攻击与侵袭。20世纪中期的《人民日报》不仅强化对新中国美好生活的报道，更是将整个社会主义阵营

---

① 本报通讯员. 时刻关心贫下中农：湖南湘潭县清风大队党支部帮助社员解决困难的经验 [N]. 人民日报，1975-08-09 (3).

<<< 第二章 通俗质朴的"共同富裕"话语：社会主义制度的确立与巩固（1949年10月—1978年12月）

的国家塑造成共同富裕的理想天堂。与此同时，深受中华传统文化熏陶洗礼的中国共产党人清楚地知道，仅仅通过描绘社会主义阵营国家的和平富裕景象，类似于"我国建设的榜样、世界和平的坚强堡垒苏联万岁！"[①] 的话语不足以激发国人对社会主义建设的现实动力，且宏观层面的描述性话语一定程度上脱离群众，拉大了同人民群众之间的距离。因此，这时候的《人民日报》将现实融入报道，利用每个生活在新中国的个体的"我"的话语来唤醒人民群众对共同富裕的真实感知。例如，在过渡时期总路线提出后的宣传、贯彻执行过程中，《人民日报》发表系列社论以及连续发表的"向农民宣传总路线"的文章表达了总路线对于实现人民共同富裕的必然性。另外，《人民日报》还总结了这一时期宣传总路线的各种方式："各级政府文化主管部门应组织电影放映队，剧团，文化馆、站及其他文化事业机构和群众业余文化艺术组织（如农村俱乐部、农村剧团等）有计划地在各地农村及集镇中广泛开展群众文艺活动，进行国家在过渡时期的总路线的宣传。"[②] 过渡时期总路线是走向社会主义的必经之路，有效推动着共同富裕的实现。

从具体现实角度出发，针对社会主义政权内部的忧患、外部的威胁以及政权之外的落后的经济与文化，"共同富裕"话语的运用被发展成能够为政治需要服务的特定话语资源，而《人民日报》作为重要媒介则负责在不同场域、不同情境中通过话语引导激发全体人民的共同意志。在全国革命取得胜利之际，"土改"完成之时，中国农民的情况实现了大的转变，农民不再受压迫、不再受剥削，实现了人身自由且拥有了土地，但这一时期，有些农民开始通过单干、做投机生意、囤粮倒

---

① 中国人民政治协商会议全国委员会庆祝中华人民共和国成立四周年的口号[N]. 人民日报, 1953-09-25（1）.
② 中央人民政府文化部关于开展春节农村文艺活动向农民宣传总路线的指示[N]. 人民日报, 1953-12-10（3）.

粮、雇工等办法改善生活，实现发财致富。因而这一时期，媒介就农民如何实现富裕的问题展开讨论，强调"在农村，资本主义就是用雇佣工人、放高利贷（买青苗也是一种高利贷）或经营商业等办法来剥削人家的劳动""在农村，社会主义就是大家联合起来，用大规模生产和新的农具、农业机器与新的农作法来经营农业，使大家能够共同富裕""农民走上社会主义的路，才能够有计划地配合工业化的需要，工业发展了，才能供给农民以新式农具和各种农业机器，农民有了机器，就可以越来越富裕，生活就越来越幸福了"[①]。新闻报道通过摆事实讲道理的方式鲜明地指出摆在农民面前的只有两条路，其中资本主义道路是"少数人发财、绝大多数人贫穷破产的路，对于广大农民说来，是极其悲惨、极其痛苦的路，是于国于民都有害的路"[②]。而能够带领农民走向共同富裕的只能是社会主义道路，借此媒介中的共同富裕话语在国民心中便凝聚成走社会主义道路的决心。

媒介话语运作的方式以及共识的制造从不同层面说明了一些问题：其一，由于特殊年代的发展需求，新闻媒介对于"共同富裕"话语的考量更多关注于社会主义中国的各项发展需要，并在内容特点上尤其地凸显出较强的主观性；其二，虽然这一时期共识制造并不是时时刻刻的强制要求，更像是一场场公开的、显而易见的并赋予传统人情性质的说服，然而，共识制造的背后避免不了的是对意识形态的操控，其结果确实在极大程度上巩固了国内团结，却也使得对资本主义的偏见与敌意在人民群众心中扎根。

（三）社会的变迁与共同富裕观的改造

从开国大典到改革开放这一时间段，中国历史进入了新纪元，我国

---

① 郭小川. 社会主义的路是农民共同富裕的路 [N]. 人民日报，1953-12-12 (3).
② 郭小川. 社会主义的路是农民共同富裕的路 [N]. 人民日报，1953-12-12 (3).

<<< 第二章 通俗质朴的"共同富裕"话语：社会主义制度的确立与巩固（1949年10月—1978年12月）

先后完成了社会主义革命、国民经济恢复、社会主义改造等重大历史任务。在社会主义道路的曲折探索中，新中国实现了从一穷二白、人口众多的东方大国大步迈进社会主义大国的伟大飞跃。这一过程中，时代发展不同阶段面临的现实需要对"共同富裕"话语的观念导向发挥着不容忽视的调控作用。套用美国学者弗里曼的观点，即就政治合法性的重要资源而言，现代社会中的共同富裕观更替必然无法单纯地仅仅靠意识改造来完成，其更是一系列制度安排交互作用的结果。[①]

1959年4月10日，《人民日报》报刊文摘《共同富裕的必由之路》对按劳分配原则和如何由穷变富两个方面内容进行了摘录刊发。文中指出，社会中分配方式的选择不以人的意志为转移，是由生产资料所有制和社会生产方式所决定的。社会主义分配原则的优越性在于"各尽所能，按劳分配"，同资本主义不劳而获、劳而不获、多劳少获相对立，中国特色社会主义制度下的按劳分配保障了人民群众多劳多得、少劳少得、不劳不得。劳动人民既共同占有生产资料和劳动产品，又共同平等地享有劳动的权利和义务。坚持按劳分配也就意味着承认差别的存在，马克思主义理论认为承认差别和消灭差别是对立的又是统一的，这是事物发展的辩证法。当下新中国所处的社会主义阶段重点就是要承认差别，进而为消灭差别、实现共同富裕而努力奋斗。另外，文中在由穷变富层面上主要针对当下存在的差别指出，在社会主义道路中存在的差别与矛盾均非对抗性矛盾。简单来说就是，"在解放以后，由穷变富的道路，是组织起来的道路，是合作化的道路，是人民公社化的道路，是大跃进的道路，也就是现在走社会主义、以后走共产主义的道路"[②]。而这一时期由穷变富的主要措施强调加强思想政治工作、改造自然以及技

[①] 弗里曼，毕克伟，赛尔登. 中国乡村，社会主义国家[M]. 陶鹤山，译. 北京：社会科学文献出版社，2002：199-201.
[②] 共同富裕的必由之路[N]. 人民日报，1959-04-10（7）.

术改革等。

《共同富裕的必由之路》于新中国成立10周年之际在中共中央机关报《人民日报》的刊发并非偶然事件,其背后有深刻的社会根源。官媒报道针对社会主义制度的先进性与社会主义国家走向共同富裕的必然性进行了几年的集中宣传之后,一方面,人民群众对于走社会主义道路的信念越加坚定,但另一方面,民众对于社会主义道路具体怎么走的问题表现出模糊态度。因而自1953年我国第一个五年计划推行之后,全国性的生产建设便成为国家发展的重心,现实层面具体表现为全民参与的工业、农业以及手工业生产等。这时同其相匹配的计划性的、规模性的社会主义建设话语也开始在怎么办的问题报道中得到具体的呈现,"共同富裕"话语的现实性也因此被调动起来,转变过去宏观宣传,即以"共同富裕就是社会主义"为核心的简单直接的共同富裕观为当下观念,开始强调劳动与奉献的新型共同富裕理念。这也充分印证了毛泽东同志所言的"社会主义制度的建立给我们开辟了一条到达理想境界的道路。而理想境界的实现还要靠我们的辛勤劳动"[1]。

总体而言,这一时期对共同富裕观念的改造始终没能超出社会主义整体框架,仍然以社会主义意识形态为主导,就这一层面而言也使得这时对共同富裕的讨论尤其强调不能忽略这过程中存在的内部或外部的阶级斗争。在第一届全国人民代表大会第二次会议上,许德珩代表明确指出:"实现五年计划并不是一件很容易的事情,它的实现过程,必然是顽强的劳动,严格的节约和尖锐的阶级斗争的过程。"[2] 我们要取得五年计划的胜利就要战胜当下仍旧存在的美蒋反动集团和一切暗藏的反革命分子。基于此,在这一时期的中国青年培养中,胡耀邦同志强调要把

---

[1] 中共中央文献研究室. 毛泽东文集: 第7卷 [M]. 北京: 人民出版社, 1999: 238.
[2] 在第一届全国人民代表大会第二次会议上的发言(之三)[N]. 人民日报, 1955-07-26 (6).

<<< 第二章 通俗质朴的"共同富裕"话语：社会主义制度的确立与巩固（1949年10月—1978年12月）

青年培育为"能够在尖锐复杂的阶级斗争中坚定地站在工人阶级立场上，忠诚地为社会主义事业奋斗到底的新型知识分子"[1]。新时期我们要培养的是热爱劳动的人民，同人民群众同甘苦、共患难的，能够推动社会主义建设的新型知识分子。妇联也强调要"教育妇女认识过渡时期国内外阶级斗争的形势，随时随地提高革命警惕性，严防敌人的破坏活动，同一切暗藏的反革命分子进行坚决的斗争"[2]。另外，在农村地区"由于合作化运动的胜利发展，农村阶级斗争已日益尖锐化，只有坚决地粉碎反革命分子的破坏活动，才能保证农业合作化运动的彻底胜利"[3]。农业合作化的有效推进是第一个五年计划的重要目标规划。我们要充分认识到"在整个社会主义时期，不是阶级斗争的结束，而是阶级斗争在新形势下的继续"[4]。这种阶级斗争隐藏于经济、政治和思想等多方战线之中。

从今日的视角出发，当时对于共同富裕观念的改造确实有力地凝聚了民心。一方面，在社会主义建设时期，在人民心中确立共同富裕的集体观念，个人的富裕同集体的富裕相比要排在集体之后，并且这一时期运用了大量的相关话语论证了艰苦奋斗、辛勤劳动，同资本主义、反革命分子等的斗争是同共同富裕具有同一性的，在政治层面上起到了巩固新生政权、社会主义意识形态以及坚定社会主义道路的作用。另一方面在这一时期对阶段斗争的讨论得到了更多的延展与开拓，导致20世纪60年代中期的共同富裕观甚至呈现明显的去物质化倾向，如"照顾周

---

[1] 胡耀邦. 中国青年为实现第一个五年计划而斗争的任务：中国新民主主义青年团中央委员会向全国青年社会主义建设积极分子大会的报告 [N]. 人民日报，1955-09-21（2）.

[2] 全国妇联指示各级妇联　加强农业合作化运动中的妇女工作 [N]. 人民日报，1956-01-18（3）.

[3] 李琳. 平顺县合作化运动的新形势和新任务 [N]. 人民日报，1955-10-27（2）.

[4] 陶鲁笳. 在列宁的旗帜下把工农联盟推向更高的发展阶段：纪念列宁诞生九十周年 [N]. 人民日报，1960-04-26（7）.

到，分配合理""不占小便宜，处处为大家"，工作人员"完成任务的劲头是很大的"，等等，劳动与奋斗所天然具备的物质性特征被意识形态的超然性所覆盖，并为其后轰轰烈烈的农村合作化运动做了思想铺垫。

当然，媒介话语中的共同富裕不论是社会主义意识形态下对共同富裕观的改造，还是同处于对立面的资本主义共同富裕观的讨伐、争论，其核心宗旨都意在通过具有现实性的共同富裕理想激励广大人民群众回归现实，在社会主义道路上继续艰苦奋斗、辛勤劳动，为社会主义建设事业贡献力量，人民群众既是过程中的建设者也是最终成果的享受者。为进一步强调人民群众自身在实现共同富裕目标的现实重要性，《人民日报》刊文指出"农村各级党组织要时刻关心群众生活，认真帮助社员解决困难，带领广大贫下中农，自力更生，艰苦奋斗，走社会主义共同富裕的道路"[1]。综合而言，这种由"共同富裕就是社会主义"的简单观念发展而来的、颇具社会主义意识形态特点的新型共同富裕观不仅继承发展了中国人民自古以来的优良传统，还将共同富裕同现实实践相结合，另外其还为中国特色社会主义新时代提倡的"勤劳致富观"提供了重要的理论及话语资源。

本章小结

从新中国成立到改革开放之间的二十九年，是我国向社会主义过渡、确立社会主义制度、巩固新生政权以及进行社会主义经济和文化等各方面建设的重要时期。在这一关键时期，《人民日报》作为重要的官

---

[1] 郭大江. 走社会主义共同富裕的道路［N］. 人民日报，1975-08-09（3）.

方媒介不断调整"共同富裕"话语的建构重点。一方面,媒介报道中将社会主义制度与共同富裕感受、体验等并列宣传,对比过去遭受的长期的苦难与今天的独立自主,为人民群众营造强烈"翻身感"的同时,增强广大民众对社会主义制度与新生政权的信心;另一方面,从现实层面出发,频繁强调共同富裕理想的实现需要依靠人民群众的辛勤劳动与艰苦奋斗,既要防范、化解资本主义破坏分子的意识形态侵袭,又要为国家的建设发展凝心聚力。

正因如此,构建社会主义政权与广大人民群众之间的联系纽带就成为这一时段"共同富裕"话语的核心建构策略:话语文本层面,除了通过"社会主义""农民""合作社""生产"等高频词锚定共同富裕的内涵,官媒在人称代词上尤为强调使用第一人称代词"我们""大家"对人民大众进行间接的符号的唤询,继而又引入大量民众认知范围内的评价性隐喻用以拉近官方的媒介话语与民众之间的距离;话语实践层面,"共同富裕"话语中融入大量普通群众的言说,人民大众的话语被作为直接引语高频出现,自然而然实现了人民群众作为意识形态主体的社会化过程;社会实践层面,为了充分发挥"共同富裕"话语的社会功能,通过制造共识的方式不断提升党的执政合法性,《人民日报》在话语内容的选择中不仅参照人民群众和国家对物质的需求,还充分考虑到了时代特征,依据不同时期社会发展的不同特性进行共同富裕观念的塑造,进而推动社会结构与话语内容之间的相互影响。

综合而言,不论社会现实在时代的变迁中如何影响"共同富裕"话语的更迭,媒介话语的目的与导向终究逃脱不了其背后的社会根源,即为社会主义制度的确立与巩固而服务。我们既应看到具体历史时期话语策略对当时政权及其背后意识形态的贯彻施行所发挥的重要作用,又不能忽视由于经验不足而又急于成功的话语实践中可能产生的非正确对待新闻规律以及无法全面考察现实情形等问题。基于此,启发影响着之后的相关媒介工作者的媒介话语表达要正确认识人民群众尤其是作为国家主人的工农群众；另外媒介话语输出既要尊重事实与新闻规律，又要充分联系社会现实的发展与变迁，进而实现媒介话语及相关报道的真实性、可靠性、与时俱进性。

第三章

先后差别的"共同富裕"话语：
改革措施及其表征方式转变
（1978年12月—2002年11月）

　　我们的目标当然是"共同富裕""共同上升"，但共同富裕不是平均富裕，也不是同时富裕。在社会主义社会里，由于各人的劳动贡献和各地客观条件的不同，不可能一下子都富裕起来，总是有的先富，有的差一些，有的又比较冒尖。这种差别是正确贯彻按劳分配的结果。因此，我们可以说，在社会产品还没有达到极大丰富的情况下，"先使一部分人富裕起来"是使全体人民走上共同富裕道路的先导。因为只有使那些劳动好、贡献大的人先富裕起来，大家都向他们学习，把生产积极性都调动起来，才能创造更多的财富，使更多的人富裕起来。[1]

——《人民日报》1981年08月04日第5版

　　从新中国成立到改革开放这一时期，媒介共同富裕话语更多传达的是中国人民对共产主义的信仰以及对社会主义的坚定信念，共同富裕话语始终同新中国的社会主义进程紧密联系。而现实社会中，中国特色社会主义制度的确立也进一步为共同富裕的推进奠定了重要的制度基础，也为媒介共同富裕话语提供了制度自信。但是这一时期在共同富裕的具

---

[1] 罗昭义. 不是两极分化，而是共同富裕[N]. 人民日报，1981-08-04 (5).

体实践探索之中，由于过高估计了社会主义初级阶段可能实现的社会公平以及过分担忧可能的"两极分化"，而导致出现了在一些特定时段一度将同等富裕和同步富裕同共同富裕相等同的情况。另外，这一时期一度试图通过单一的集体经济形式推动农民群体摆脱贫穷，通过不断提高社会公有化程度，来达到推动生产力发展的目的，其结果出现了"大跃进"、人民公社化运动、"大锅饭"、平均主义等错误的共同富裕策略，极大地挫伤、打击了农民的生产积极性，在现实中导致了人们的贫穷，也使共同富裕成为空中楼阁。因而，基于国家的发展现状，十一届三中全会强调要冲破长期"左"的错误和严重束缚，重新确立党的实事求是的思想路线，停止使用过去一段时间所坚持的"以阶级斗争为纲"的口号，将全党的工作重点和全国人民的注意力转移到社会主义现代化建设上，提出了改革开放、实现四个现代化的任务。会议指出要采取一系列新的重大的经济措施，对经济管理体制和经营管理方法进行认真改革，在自力更生的基础上积极发展同世界各国平等互利的经济合作。这时强调经济发展的现代观念也因此逐渐进入媒介"共同富裕"话语，为摆脱过去阶级斗争与"左"的错误的樊笼，展现经济发展对共同富裕的重要性提供了极大帮助。

十一届三中全会之后，改革开放的滚滚春雷推进着中国的富国大业。这一时期媒介话语中对"部分先富裕"和"共同富裕"、"两极分化"和"共同富裕"、"平均富裕"和"共同富裕"的讨论层出不穷，不同于新中国成立初期质朴的、简单的、直接的共同富裕话语，这一时期强调依据社会发展的具体实际表达符合中国国情的共同富裕策略，如"在生产资料公有制的基础上，实行按劳分配，收入有别，必然有的先富，有的后富，逐步达到共同富裕；然后又有先有后地向更高的水平前

<<< 第三章 先后差别的"共同富裕"话语:改革措施及其表征方式转变(1978年12月—2002年11月)

进。这是符合事物发展的辩证法的"①。而过去一段时间内所存在的极端的平均主义以及人为的、主观的限富守穷、挖富补穷,只会使社会主义共同富裕成为愿望,即水中月、画中饼罢了。因此邓小平同志在总结历史经验时指出:"我们坚持走社会主义道路,根本目标是实现共同富裕,然而平均发展是不可能的,过去搞平均主义,吃'大锅饭',实际上是共同落后,共同贫穷,我们就是吃了这个亏。"② 在20世纪末期,共同富裕的发展转向推动着媒介"共同富裕"话语乘风而起,实现了对平均主义的修正,在这一时期的媒介共同富裕讨论中也指明了党中央的共同富裕实践方式和意识形态导向。这里需要特别说明的一点是,考虑到十六届一中全会后"共同富裕"话语在内涵与效用等诸多方面所呈现的明显转折,因此本书将以此作为本章文本分析的时间节点,这里时间的区分仅仅是为了研究操作及其成果呈现的便利,既不意味着我国已经开启的思想解放运动随着21世纪的到来戛然而止,更不暗示着2002年以后的媒介"共同富裕"话语核心本质发生了变化。

一、改革开放浪潮中"共同富裕"报道概貌

自1978年党的十一届三中全会至2002年党的十六届一中全会24年时间里,《人民日报》共生产了相关涉及"共同富裕"主题的报道92篇,占全部样本总量的13.9%。其中,党的十一届三中全会之后农村包干到户以及农业生产责任制的日渐推广引发了国内对共同富裕的重新认识与讨论,推动"共同富裕"话语在20世纪80年代达到高潮,而在全国范围内如火如荼进行着的经济建设,也为之后"共同富裕"媒介话语确定了方向与基调(年度变化趋势参见图3-1)。

---

① 李谦和.一部分先富裕和共同富裕[N].人民日报,1979-04-15(2).
② 邓小平.邓小平文选:第3卷[M].北京:人民出版社,1993:155.

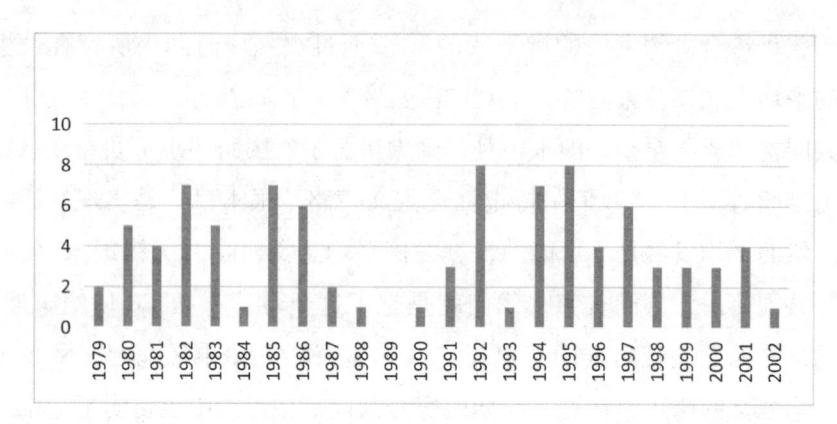

图 3-1　《人民日报》有关"共同富裕"的报道数量（1978 年 12 月—2002 年 11 月）

　　首先，就报道版面而言，改革开放推动我国社会的全面繁荣发展，新闻内容与种类日益增多，基于此，《人民日报》在整体的版面安排期间发生了多次调整，其中扩展版面是主要调整方向。通过扩版来缓解版面短缺与新闻过多之间的矛盾，而扩版也成为一段时期内《人民日报》长期坚持的选择。如 1980 年 1 月 1 日《人民日报》将版面由过去的 6 版增加至 8 版，1995 年 1 月 1 日起又在 8 版基础上延伸至 12 版，为使版面扩展更容易被人民群众接受，《人民日报》从 1994 年便开始了版面扩版与过渡，实验与过渡时期主要采取在报头直接标注"今日十二版"字样的方式告知读者报纸当日的临时性版面调整。鉴于本书存在具体版面分析的内容，因此为了尽可能减少版面增减对其造成的影响，这里对最初的量化统计结果依据不同阶段改版的具体版面名称进行再次整理，结果显示这一时期"共同富裕"主题的报道中，包括头版头条在内的国内、外要闻版占比最高（61 篇，66.3%），占比第二位的是经济、政治、法律、社会版（16 篇，17.4%），而以理论文章等为主要内容的版面则排名第三（9 篇，9.8%），除此以外，其他各版（如教育科技文化、地方新闻、社会经纬、国内政治专页、党的生活、学术动态、副刊等）的报道总量不超过 10 篇，尚未达到报道总量的 10%。

<<< 第三章 先后差别的"共同富裕"话语：改革措施及其表征方式转变（1978年12月—2002年11月）

其次，报道体裁方面，新闻报道的重要体裁消息（23篇，25%）、通讯（27篇，29.3%）及评论文章（16篇，17.4%）在这一时段依然是"共同富裕"报道使用频率最高的三大体裁类型，同上一阶段报道体裁相比，过去常见的以基层民众为主体的具有互动、会话风格的评议性文章在这一时期的共同富裕报道中鲜少看见，另外评论文章在所有体裁中的占比也较之前有所减少，这一现象的出现直接导致了包括消息、通讯、图片报道和新闻评论等在内的新闻类体裁的总使用率达到73.9%。这一结果一方面说明了，过去相当长一段时间内在媒介话语中尤为重视的会话形式的报道尽管在自觉、自然层面引领着民众意识形态的社会主义发展方向，但随着新时期社会发展重点的转移，这一会话式体裁的互文性也不可避免地日益淡出媒介平台。另一方面也表明，新时期面对新形势、新发展、新实践，媒介"共同富裕"话语及其内涵的宣传开始由过去的直接、灌输式说教转变为尊重新闻本质的报道以适应改革开放带给人民群众的思想解放、独立思考与自主判断等思维的转变。

最后，共同富裕报道题材在这一时期表现出更强的经济特性。这一时期共同富裕报道当中直接在标题之中涉及经济相关内容的文章达到22篇，占阶段文本的23.4%，而其余文本也都在内容中直接或间接地强调经济发展对促进共同富裕的基础作用。从这一时期共同富裕的相关议题中能够看出，共同富裕报道相比过去而言明显地褪去了社会主义革命以及初步建设时期"共同富裕"话语长期且较专一地服务于政治的特殊属性。正因如此，共同富裕的话语以及实践发展侧重有所偏移，即充分认识到共同富裕的不同步特性，需从实际出发有先有后地逐步向更高的富裕水平前进，最终实现共同富裕，共同富裕话语得以冲破其话语表征层面重新焕发鲜明、实际的时代特性。

整体而言，即便改革开放、经济发展热潮中的媒介"共同富裕"

报道如此显见地在话语外壳层面展现出了与过去截然不同的全新样态，我们依然能够从不同侧面依稀感受到这一改变背后所暗藏的拘谨，比如，从相关报道数量来看，24年间的共同富裕年均报道量仅为3.8篇，而其中具体报道内容的重点偏向始终没能逃离这一时期具体的政策变动——思想解放后的媒介"共同富裕"话语虽然不再是全然的政治工具，但其仍旧深受国家政策影响，仍然无法摆脱意识形态的操控，后文对于本阶段"共同富裕"媒介话语的分析也将进行更加细致的展现。

二、改革开放浪潮下共同富裕的时代内涵

列宁指出："在分析任何一个社会问题时，马克思主义理论的绝对要求，就是要把问题提到一定的历史范围之内。"[①] 改革开放与社会主义现代化建设新时期的共同富裕报道更要立足当时特定的历史条件，充分结合当时社会整体发展状况进行深入分析。本阶段共同富裕话语中的"差别"指的是形式上或内容上不同的地方，这里强调的是本阶段共同富裕的发展形式同过去有所区别，同时同一时段共同富裕在不同区域的发展形式也有所差别。还需要额外说明的一个问题是本阶段使用"差别"一词定义改革开放热潮之下的"共同富裕"话语及其内涵时，并非绝对且草率地宣称共同富裕这一多元复杂概念仅用一个词语便可概括、呈现其全部面貌，而更多的是强调主流意识形态之下经济发展的主流趋势和思想解放的文化背景影响着媒介"共同富裕"话语自身的诸多转变。因此，本节将首先通过对共同富裕相关报道中的高频词进行统计，以分析这一时段其内涵指向，之后再借以具体的话语分析工具对媒介共同富裕话语进行分析解读，从而为后文研究下一时期的"共同富裕"话语奠定基础。

---

① 列宁. 列宁选集：第2卷 [M]. 北京：人民出版社，1995：375.

第三章 先后差别的"共同富裕"话语：改革措施及其表征方式转变（1978年12月—2002年11月）

（一）高频词与共同富裕的现实内涵

高频词集中体现着特定阶段文本的内容走向，对这一时期共同富裕相关的新闻报道进行高频词分析能够快速掌握媒介的"共同富裕"话语方向，进而帮助理解改革开放与社会主义现代化建设新时期共同富裕的现实内涵。为更好地结合历史事实进行分析，本阶段高频词的选取一方面参考词汇的出现频次，另一方面则充分考虑这一时期党和国家的相关政策（具体词汇及频次见表3-1）。

表3-1 《人民日报》有关"共同富裕"报道的高频词表（1978年12月—2002年11月）

词汇	频次	词汇	频次	词汇	频次
发展	389	经济	208	收入	182
先富	181	富裕	172	地区	148
分配	139	企业	117	事业	108
资金	93	差距	92	政策	90
内地	83	致富	68	市场	68
改革开放	59	乡镇企业	52	市场经济	49
积极性	42	现在	36	过去	35

1. "改革开放"战略下"发展""经济"、增加人民"收入"为实现共同富裕奠定物质基础

从中华人民共和国成立到1978年，中国经历了一个漫长的时期。在这一时期内，我国处于保守发展期，长期推行的自给自足的经济策略虽然推动国家在某些领域取得了一定的进步和成就，但放眼全球，中国的经济增长仍旧相对滞后，人民的生活水平仍然较低。因此十一届三中全会之后，中国结合自身实际情况和国际环境提出打破过去的桎梏，实施一系列深入的经济和政治改革，以适应日益变化的国际形势，并追求更加可持续和高质量的发展，由此开启了一个崭新的发展时代。《人民日报》这一时期的共同富裕相关报道深受改革开放浪潮影响，多次提

到"改革开放"战略以及改革开放带来的"发展""经济"和"收入分配"等问题。

  发展是解决一切问题的关键,改革开放的核心围绕发展展开,强调改革经济体制、推动经济发展。《人民日报》发表民盟中央历任主席费孝通的讲话,其中指出:"对发展不起来的和发展得不够快的地方来说,脱贫致富的机会也并不是天上掉得下来的,或是坐守等待就能到手的。关键也许就在于敢于'改革开放'。"[①] 这个时候的中国人民就是要改变过去传统的自给自足的小农思想,敢于并勇于开门出去闯新路。国家层面主张实施的改革开放政策是社会主义优越性的集中展示。依据改革开放总设计师邓小平同志的发展思想,没有生产的发展,就没有财富的增加,没有财富的增加就不可能实现富裕,更不可能实现共同富裕。因而改革开放的重点是要推动生产发展,促进经济发展,提升财富总量,进而为实现共同富裕奠定物质基础。其中,农业和工业的改革被认为是中国发展的两大支柱,其实施方式包括联产承包责任制、国有企业改制和股份制改革。这些改革措施为中国经济的快速发展和社会变革提供了强大的动力和支持。在农业领域,联产承包责任制被视为中国农村改革的重要举措之一。通过将土地进行承包,农民获得了土地经营权和劳动权,这激发了他们的生产积极性和创造力。这项制度的实施,使农业生产得到了显著提高,农民的收入也逐步增加。不仅如此,联产承包责任制对缩小城乡收入差距、促进农村经济的发展亦起到了积极的作用,如报道中提到的"农村实行联产承包责任制以后,农民收入显著增加,困难户逐渐减少"[②]。在工业领域,国有企业改制和股份制改革被视为推动中国工业现代化的重要举措。国企改制通过引入市场机制和

---

  ① 费孝通. 逐步实现共同富裕 [N]. 人民日报, 1992-06-19 (5).
  ② 扶贫到户 共同富裕 [N]. 人民日报, 1983-02-03 (2).

第三章　先后差别的"共同富裕"话语：改革措施及其表征方式转变（1978年12月—2002年11月）

先进管理经验，增强了国有企业的竞争力和效率。股份制改革引入了股权结构，吸引了更多的资金和技术进入企业。这些改革措施极大地促进了国有企业的优化和发展，推动了中国工业的快速增长，比如，"改造内地国有企业的老产品、老工艺，然后把他们的产品销往国内外市场"①。以深圳为例，"深圳改革开放16年来，国内生产总值平均每年递增35.9%，工业总产值平均每年递增56.3%，社会消费品零售总额平均每年递增42%，对外贸易进出口总额平均每年递增60%，地方预算内财政收入平均每年递增52.4%，深圳企业的全员劳动生产率是全国平均水平的3倍多。如果不是改革开放，不是建立社会主义市场经济体制和运行机制，这种飞跃的发展速度是不可设想的，辐射和带动内地共同发展更是不可能的"②。深圳的实践证明了实现共同富裕，必须坚持改革开放，坚持走社会主义市场经济的路子。改革开放推动中国从严格的计划经济向更加灵活、开放的市场经济体制过渡，在国家经济命脉的重塑中中国获得新发展，在新发展中推动提升人民收入，改善人民生活水平，进而实现共同富裕。

整体而言，改革开放之后，国内政策逐渐放宽、经济环境逐渐放松，农、工、副等各行各业在相对自由的积极政策的鼓励之下得到了较大的发展，推动着中国经济总量实现大的跃升，也为实现共同富裕奠定较为坚实的物质基础。

2."政策"导向下"内地""沿海"呈现的"富裕""差距"表明共同富裕是相对的有差别的富裕

基于国家宏观发展策略的调整，这一时期的共同富裕发展具有鲜明的导向特征，即部分人以及部分地区率先富裕成为本时段共同富裕发展

---

① 厉有为.发挥各自优势　实现共同富裕[N].人民日报，1995-06-22（9）.
② 厉有为.发挥各自优势　实现共同富裕[N].人民日报，1995-06-22（9）.

的新模式。过去已经确立的社会主义制度为共同富裕的发展固本安基，在沿着社会主义道路前进的过程中以邓小平同志为核心的中央领导集体开始思考如何推进共同富裕的问题。邓小平强调"贫穷不是社会主义，社会主义要消灭贫穷"①，直接明确表明了社会主义要带领人民脱贫致富的人民立场与坚定决心，同时"以'求富'为话语核心的表达多次出现在这一时期"②。"求富"话语下出现的"富裕""差距"在媒介报道中被多次提及，共同富裕媒介话语中的差别指向表征，表明了科学的共同富裕发展之路必然是由部分到整体的有先有后的差别的共同富裕。

在党的十一届三中全会预备会议上，邓小平转变工作思路，强调共同富裕中富裕是共同的基础，因而首先要在富裕层面做工作。分析研究当时中国社会发展状况，邓小平提出要"让一部分人、一部分地区先富起来，大原则是共同富裕"③。部分先富既可以率先使一部分人脱贫致富，又能够拉动经济的迅速发展，从而实现"全国各族人民都能比较快地富裕起来"④，总体而言这是"达到共同富裕的捷径"⑤，也是在当时的中国推动共同富裕最为现实有效的策略与方法。基于先富、后富的共同富裕发展思路，邓小平同志强调中国生产力总体落后、发展又极不平衡，实现共同富裕需"逐步"推进。在这一历史发展期"逐步"体现了共同富裕的差别性，主要强调其中政策导向的允许一部分人、一部分地区通过诚实劳动和合法经营先富起来，然后帮助和带动更多乃至全国各族人民富裕起来。其中，允许和鼓励一部分人先富起来，是实现全国各族人民共同富裕的手段，需充分认识到共同富裕的非同时性与非

---

① 邓小平. 邓小平文选：第3卷［M］. 北京：人民出版社，1993：63-64.
② 赵丹丹，赵秀凤. 新时代共同富裕话语生成的理论逻辑、历史逻辑与现实逻辑［J］. 重庆理工大学学报（社会科学），2022，36（12）：20-27.
③ 邓小平. 邓小平文选：第3卷［M］. 北京：人民出版社，1993：166.
④ 邓小平. 邓小平文选：第2卷［M］. 北京：人民出版社，1994：152.
⑤ 邓小平. 邓小平文选：第3卷［M］. 北京：人民出版社，1993：166.

<<< 第三章 先后差别的"共同富裕"话语：改革措施及其表征方式转变（1978年12月—2002年11月）

同步性。邓小平同志讲"贫穷不是社会主义"，如何实现富裕？考虑到中国领土面积较大，区域差异悬殊，区域发展进度无法实现一致，唯有尊重地区差异，因地制宜、以优补缺才能实现共同富裕。故而，一方面，这一时期在区域发展战略层面强调由新中国成立初期出于备战需求而制定的重点发展内地的战略转变为"优先发展沿海"地区的战略。这一时期开办"出口特区"以及之后实行"经济特区"等特殊的经济政策，灵活的经济措施和特殊的经济管理体制，并坚持以外向型经济为发展目标等是这一时期推动实现沿海地区"先富"的重要政策安排。如《人民日报》中提到的"我国是个幅员广阔的国家，地区之间经济发展也是很不平衡的……沿海地区拥有比较先进的技术和较雄厚的经济力量，有条件首先掌握国际上先进的生产和管理技术，先一步发达起来，然后通过经济的传递和带动作用，促使经济开发重点向中间地带和西部地区转移"[1]。先天的自然因素加之后期的政策导向，沿海地区的先富同内陆地区的发展迟滞形成鲜明对比，如"沿海六省和三大市调查户人均纯收入高出平均数的55%，而西南、西北八省、区调查户人均纯收入则低于平均数的21%"，因而这时期报道中提到"在帮助贫困地区以至整个内陆地区方面，沿海地区有其责无旁贷的义务"[2]，尤其享受特殊待遇的经济特区更要积极"带动广大内陆腹地的经济发展"[3]。另一方面，"内陆企业通过沿海地区的纽带作用"[4]凝聚共识，助力内地整体发展。

综合而言，这一时期中国的发展面貌乃至人民的生活水平都发生了

---

[1] 杜润生. 先富后富和共同富裕（在中央农村工作会议上的讲话的一部分）[N]. 人民日报, 1986-01-27 (1).
[2] 夏禹龙. 加速发展达到共同富裕的捷径 [N]. 人民日报, 1994-12-16 (5).
[3] 厉有为. 发挥各自优势 实现共同富裕 [N]. 人民日报, 1995-06-22 (9).
[4] 江春潮. 沿海与内地实现共同富裕的新尝试：关于苏陕干部交流的调查 [N]. 人民日报, 1992-04-26 (3).

剧烈变化，政策扶持下的具有导向性质的局部富裕成为这一时期的显著特征，为实现共同富裕迈出坚实步伐，同时差异性、差别性也成为这一时期《人民日报》共同富裕话语的重要特征。

3. "市场经济"条件下转变"过去"合作社脱贫为"现在"责任制"致富"，表明共同富裕的阶段性特征

邓小平指出"贫穷不是社会主义，发展太慢也不是社会主义"①，"要摆脱贫穷，就要找到一条发展比较快的道路"②。邓小平关于发展的重要论断以及"贫穷不是社会主义"的论断对当时的中国社会发展产生了深远影响。也正是由于邓小平同志的这一论断推动着数以万计仍旧处于贫困中的国人卸下长期束缚自身发展的沉重思想包袱，纠正过去一段时间"以阶级斗争为纲""宁要社会主义的草，不要资本主义的苗"的"左"倾思维，转变"过去"合作社、人民公社等脱贫路，向着新时期通往富裕小康的生产责任制、商品经济方向前进。对比共同富裕在不同历史时期所表现出的不同路径选择，古今分析成为这一时期媒介"共同富裕"话语所采取的重要行文手法之一，在现在与过去的对比中进一步强调了媒介共同富裕话语的过程性、发展性特征。

改革开放浪潮下对共同富裕的讨论着眼于生产力的发展层面，侧重于强调富裕的基础性作用，在如何推动富裕以及如何发展生产力的问题导向之下，市场在经济社会发展中的重要作用被重新提出、接受、认可以及重视。在社会主义制度确定初期，人们坚信社会主义的优越性就在于拥有比资本主义更为高级的生产方式。简单来说，资本主义生产方式的根本之点就是雇佣劳动，基本特点是按资分配、私有制和市场经济。在我国社会主义发展过程中，我们逐步认识到社会主义的生产方式也不

---

① 邓小平. 邓小平文选：第3卷 [M]. 北京：人民出版社，1993：255.
② 邓小平. 邓小平文选：第3卷 [M]. 北京：人民出版社，1993：255.

<<< 第三章 先后差别的"共同富裕"话语：改革措施及其表征方式转变（1978年12月—2002年11月）

是凭空而来，是从资本主义的生产方式中逐渐生长出来的。我国仅仅处于社会主义初级阶段，要带领中国人民走上共同富裕的社会主义道路，必然要充分考虑中国具体国情，在具体经济发展过程中采取循序渐进的经济策略，故而，社会主义市场经济由此诞生。这一时期为了使市场经济更好地被人民群众尤其是农村群众所接受、认可，媒介谈到农村地区党总支积极发挥引导作用，"利用'三会一课'活动对党员进行两个教育：一是适应市场经济形势的需要，围绕每年的经济发展目标，进行解放思想的教育。二是以提高党员队伍素质为目标，进行技术、业务教育。把党员活动的阵地变成了专家、教授传授市场经济知识的课堂"①，由此推动市场经济入村、入脑、入心。另外，就地区间贫富差距扩大的问题，媒介强调"要通过发展社会主义市场经济，让生产要素在全国范围内自由而合理地流动。只有这样，先发展起来的地区才能有力地带动后发展的地区"②。

基于国内"市场经济"的发展，媒介共同富裕话语在具体实践路径中展示出"过去"与"现在"不同的表述形式。回顾"过去"的共同富裕路时讲"搞平均主义，人为地限富守穷、挖富补穷，'吃大锅饭'，那么，社会主义共同富裕的愿望，只能是镜中花、画中饼"③。"过去，联合公司所属农场有事需经过公社、大队才能同生产队联系。"④ "五个生产队过去都有三分之一至一半的社员家庭有超支欠款。"⑤ 过去一段时期内盛行的"越穷越光荣，越穷越革命，大家不是

---

① 亿振亮. 共同富裕是我们的奋斗目标［N］. 人民日报，1993-06-27（3）.
② 夏禹龙. 加速发展达到共同富裕的捷径［N］. 人民日报，1994-12-16（5）.
③ 李谦和. 一部分先富裕和共同富裕［N］. 人民日报，1979-04-15（2）.
④ 宋禾，于宁. 联合社队共同富裕：重庆市长江农工商联合公司的一条重要经验［N］. 人民日报，1980-06-20（3）.
⑤ 陈全义，袁志成，刘光辉，等. 是两极分化，还是共同富裕？——江西宜春县五个生产队的调查［N］. 人民日报，1981-01-06（2）.

向富的学习,而是向穷的看齐,谁富了或想富起来,就遭批判斗争。这是一种反常现象,是与马克思主义的共同富裕背道而驰的"①。"在'左'的思想影响下,许多生产队吃大锅饭,搞平均主义,群众的生产积极性不高,集体生产长期上不去,社员的家庭副业得不到发展,因而这些农户仍然未能摆脱贫困的境地。"② 社会主义经历过去的实践探索"现在"终于再次步入正轨,如各地开始实行联系产量计算报酬的责任制。这样一来,社员们的劲头足了,生产效率比过去提高了三倍。去年夏粮一季净增十一万斤。"合同直接订到生产队,利润直接返还给生产队,遇到问题直接同生产队商量。"③ 市场经济条件下的"'富'只是表现在对生活资料、个人消费品的占有上,一般地说,是不可能利用这种占有转化为剥削他人的资本的。只要我们在实践中不断完善按劳分配制度,就能极大地焕发人民群众的社会主义劳动积极性,使社会产品达到极大丰富,为实现'各取所需'的共产主义分配原则创造物质条件"④。这"现在"与"过去"的差异化表述实质上不仅鲜明地指出当下中国社会发展的巨大变化,更强调中国的社会主义道路要充分结合具体国情走中国特色社会主义共同富裕道路。

(二)差别的共同富裕的话语实践策略及其转型

相比过去传统的共同富裕理念,当下的"共同富裕"话语首先借助高频词对特定时期共同富裕具体内涵进行了深入分析。另外,人称代词的用途调整也在改革开放新时期展现出更加鲜明的时代特征:新中国成立初期,我国的建设发展深受世界层面尤其是以美国、苏联为首的两

---

① 罗昭义. 不是两极分化,而是共同富裕 [N]. 人民日报,1981-08-04 (5).
② 农业生产责任制使分界公社出现新气象 一百多户困难户有饭吃有钱花 交回"扶贫证"走共同富裕道路 [N]. 人民日报,1982-05-17 (1).
③ 宋禾,于宁. 联合社队共同富裕:重庆市长江农工商联合公司的一年,重要经验 [N]. 人民日报,1980-06-20 (3).
④ 罗昭义. 不是两极分化,而是共同富裕 [N]. 人民日报,1981-08-04 (5).

<<< 第三章　先后差别的"共同富裕"话语：改革措施及其表征方式转变（1978年12月—2002年11月）

大不同社会阵营之间斗争的影响，以及"文革"时期的"左倾"思想、阶级斗争加剧引发的人民内部矛盾等的影响。前文的分析已经表明过去媒介"共同富裕"话语中的第一人称代词主要被用于同社会主义相对立的社会及群体间的区隔；然而，伴随思想解放与经济大发展新潮流、新趋势的冲击，意识形态斗争已经淹没于社会发展的洪流之中，复数的第一人称代词"我们"也由过去强调内部团结集中对外的警醒抗争形态日渐转变为更多地服务于增进接受方对表达方及其所述内容的认同层面，人称代词"我们"也由此变得更加轻松与日常——在改革开放新时期具体体现为人们对《人民日报》所倡导的对于有差异或差别的共同富裕内涵或共同富裕观的接纳。

人称代词表达的意义变化在中观层面为这一时期话语策略的分析指明了方向，即先后差别的"共同富裕"话语之新内涵、新气象的生成必然无法脱离新时期新型语言要素的加入以及传统话语策略的调整，而这之间话语实践分析中作为核心的互文性发挥着重要作用、提供着重要路径。

1. 引语的使用与共同富裕新观念的传播

在本阶段包含"共同富裕"话语的90篇报道样本中，共有32篇（35.6%）使用了直接引语，22篇（24.4%）使用了间接引语，同前一阶段社会主义制度确立与巩固时期相比，整体引语使用占比有所下降，呈现出较强颓势。除去引语使用比例，这一时期同上一阶段明显的不同主要存在于引语的来源之中，较多来自"党政干部"直接或者间接地表达是这一时期引语出处的突出特点，基于本阶段共同富裕宏观政策的导向性变化，我们能够发现共同富裕由过去的传统模式转变为允许一部分地区或人率先实现富裕的模式，这一变化源于其背后的政治因素，正是因为在宏观政治政策的具体施行过程中，党政干部扮演着重要角色，发挥着主导作用，故而对党政干部话语的充分引用才能更加说明推行改革开放、发展市场经济是在党的领导之下采取的一系列措施，体现的是党的领导的与时俱进，是马克思主义同中国具体实践相结合的产物，是推动中国特色共同富裕的正确之道。

改革开放新时期《人民日报》对共同富裕的相关报道中，一方面受政治因素影响，党政干部引语使用频率增加，另一方面过去使用频率相对较为低迷的一些引语类型比如，名人经典、知识分子、出版物等却在新时期展现出与主流全然相悖的发展态势。而认真研读这些引语内容能够发现，它们概莫能外地为这一时段共同富裕内涵的引入与国家所倡导的主流意识形态的传播、创新所服务，即发展经济推动富裕开始在共同富裕观念中占据重要席位，共同富裕的差异性发展日渐传播与被接受。

改革开放的第九个年头《人民日报》发表本报评论《有部分先富才有共同富裕》，再次解读新时期共同富裕思想与实践，旨在厘清"部分先富"与共同富裕的辩证关系，解答人民群众对于共同富裕存在的疑惑。评论首先肯定了改革对农民群众的积极效益，农民群体切身感受到了农村经济改革带给自身的生活变化，整体而言广大农民群众对于农村的经济改革所取得的成效持满意态度。但其中不可避免地会有一些人对于农户收入以及农村区域发展过程出现的差距存在疑惑，怀疑这是否仍旧符合社会主义共同富裕发展理念。针对这一疑虑，《人民日报》本报评论顺势做出解释，力图将顺应时代潮流且符合社会主义道路要求的共同富裕新观念再次向大众普及。评论肯定了过去党和人民对实现共同富裕所做出的努力，另外，对于新中国成立初期以后一段时间内出现的错误也予以承认，表示当下我们已经充分认识到共同富裕同差别富裕之间的关系。各地农村自身的社会、历史、自然条件等不同，个体农户自身之间劳力、技能等也存在巨大差异，客观与主观等多重因素皆表明在农村平均主义行不通、走不远，也干不好。基于如此认识，由内而外、

<<< 第三章 先后差别的"共同富裕"话语：改革措施及其表征方式转变（1978年12月—2002年11月）

自上而下出台的一系列正确政策逐渐打破农村西风残照的局面，出现破浪前进的新貌，先富政策下部分农村地区出现了"一人富，富一片"的现象。据国家统计局统计数据显示，从改革开放开始到1986年，农民人均年收入增加了263元，低收入农户比重下降为11.3%，高收入农户比重上升至28.6%。事实胜于雄辩，客观真实的数据表明了部分先富的方针有效带动了共同富裕。共同富裕同差别富裕并非绝对互斥，更不能成为限制新时期农村正当经济行为的枷锁，农村经济改革是党将理想与现实结合的产物，是农村生产力发展的重要助推器，允许部分地区、部分人先富的方针政策表明过时的旧观念已无法理解国家新时期的新变化，发展的事实已经将共同富裕新观念播撒在了祖国大地，怀疑与疑问也将在万马奔腾的社会主义经济发展局面前不攻自破，人民群众对国家政策的认同程度也自然日益攀升。

2. 传播需求更改与体裁互文性转换

20世纪80年代，享誉国际的语言学家柏瑟对"互文话语"这一组合概念进行了系统解释，指出话语并非独立存在，话语的出现必然伴随特定的话语形态场域，并同话语形态场域存在着千丝万缕的联系。另外，互文性研究历来重视话语背后的社会关系的交织，关注上层国家机器中的意识形态斗争状况，因而互文话语不可避免地带有强烈的意识形态属性。互文话语的这一特征表明我们在进行相关研究的过程中可以从社会意识形态角度出发，从具体互文方式着手探究《人民日报》对于共同富裕相关报道的新闻体裁的互文性是怎样根据时代的演进而发生变化。

前文已对《人民日报》中共同富裕相关报道的报道体裁进行了描述性分析，在过去三十年间《人民日报》中出现较多的，体现人民大众色彩的带有会话风格的议论类、论辩类文章在党的十一届三中全会之后的应用反而呈现直线下滑态势。此后，《人民日报》中共同富裕相关报道更多地采取了在新闻中较为传统和规范的消息、通讯等体裁。从新闻体裁的转变中能够看到主流媒介中的"共同富裕"话语呈现模式也在随着主流意识形态的变化而进行调整与改变。

新闻报道中所采取的风格或体裁都有其隐含寓意,《人民日报》作为重要党媒,其内容与形式的选取实质上皆是服务于执政党的政治意识形态传播。尽管中华人民共和国成立之后,中国的政治制度、社会性质等皆发生了根本性的变化,但总体而言,只要论及政治仿佛都同广大人民群众的日常生活有着较远的距离,因而在改革开放前,大众媒体多次尝试通过表达形式的创新转变而为上层意识形态的民众化传播牵线、搭桥、铺路,由此也就出现了诸多的被民众所书写的论说性文体。改革开放之后,国家整体发展重心不再拘泥于政治层面的阶级斗争,而更多地转移到同社会主义建设发展更加密切的经济、文化等层面,意识形态等同于政治的时代已经成为过去,这一时期大众媒介对国家、地区经济发展状况的宣传以及人民群众生活条件改善的报道成为主流意识形态传播的新包装,主流意识形态的传播内容范畴由此日益多元化。因此,改革开放之后的《人民日报》在外宣意识形态的过程中不再刻意强调通过会话风格去实现理念或思想下沉,而更加注重展现当时的社会生活新面貌,这一改变一方面顺应国家的整体发展方向,另一方面也更为不断发展进步的中国民众所接受。与此同时,《人民日报》中关于"共同富裕"的相关报道为更好地发挥其意识形态的传播效应,其在报纸中的位置被做了适当的调动,目的在于引导读者自觉转变自身身份,在文章阅读中将自身融入改革开放所带来的新型社会劳动、交往、实践等之中,自觉化身为改革开放新时期社会生活的建设者与参与者。

三、差别的"共同富裕"话语与社会的互动

改革开放浪潮下社会主义市场经济的深入开展不仅帮助人们摆脱了

<<< 第三章 先后差别的"共同富裕"话语：改革措施及其表征方式转变（1978年12月—2002年11月）

过去较长一段时间保守、固化思想的思维局限，还以富于时代风格与先锋特色的新思想打破了社会主义必须唯单一、集中、全体、同步、计划发展模式的束缚。前面大段的分析充分说明了有差异的、非同步的富裕实现模式如何借着社会主义市场经济深入开展的东风成为"共同富裕"话语的"新宠"，而并没有真正地对共同富裕对象即个体的人的主体性回归做进一步分析。因此，在话语的社会实践分析层面，下文试图更深层次地去探讨这一时期社会现实发展过程究竟如何通过市场经济实现个人的富裕发展，媒介中的"共同富裕"话语又是如何体现人的主体性作用和意义的。

（一）从"雇工之争"到"共同富裕"话语的主体回归

十一届三中全会之后，伴随着改革开放的持续发展，中国城乡的个体经济得以恢复和发展，且经营规模在国内经济大发展的势头下日渐扩张。随着个体经济的发展壮大，他们逐渐突破了国家规定的雇工8人的限额，成为事实上的私营企业。比如，改革开放初期，安徽芜湖的个体户年广久通过雇工经营、制作和销售"傻子瓜子"，使其经济状况迅速改善，最终得以发家致富，但这在当时的民众看来有"剥削"嫌疑，人们争议很大。随着雇工现象在各地的出现，也一度在社会上引起广泛的关注。在20世纪80年代初，国内各类报刊开始不断刊登相关文章，围绕雇工问题展开了热烈的讨论。雇工现象多地开花既是对过去被视作社会主义发展模式的集体经济、计划经济的挑战与颠覆，也是过去一直被约束、控制的渴望发展的个体户的呼唤和呐喊，国家层面对发展私营经济所出台的一系列政策就像夜空中出现的信号弹一般直击每一个想要发展、富裕的个体户的内心世界，并为之带来改革开放的新时代光芒。

1981年5月至9月，党中央机关报《人民日报》就"怎样看雇工经营与对待陈志雄承包鱼塘问题"，在报纸上展开了专题讨论。陈志雄原本只是一个生活较为贫困的农民，但其通过承包鱼塘极大地改善了生活条件，在其进行鱼塘扩大生产的过程中，雇工规模也同比增长。由于在改革开放初期，人们对私营经济还有抵触情绪，对雇工行为更是不能接受，因此对于这类经营和承包大户，一些人持反对态度，主张限制或取消，称这一雇工行为是赤裸裸的剥削。当时甚至有专业人士认为陈志雄承包鱼塘获利是以雇佣劳动力为基础，脱离集体统一经营，已不属于集体经济内部责任制性质，而成为资本主义经营，弊多利少，应予限制。因此，《人民日报》就这一问题在报纸上展开了专题讨论。四个月内《人民日报》共发文25条，人们在报纸中各抒己见，发表观点。总结而言，这一次的雇工之争经舆论的发酵，最终结果是多数人一致认为陈志雄在自己的劳动之外确实占有了雇工的一部分劳动价值；但雇工经营有利于发挥"能人"的作用，即使有一点儿剥削，也不应大惊小怪。经过这一轮的大讨论，个体民营经济没有被这一次的雇工之争所击垮，反而获取了新的生机，为民营经济未来发展奠定重要基础。另外在对雇工之争中多次论及"人才""能人"，讨论中强调要调动"能人"的积极性，把"能人"真正解放出来，人的价值在这一次的争论中得以体现。我们党始终坚持用马克思主义指导国家的前进方向，马克思主义向来就是重视"人"和"人的价值"。过去较长一段时间对集体主义的过分强调，使得在论及"人的价值"尤其是"个体的人的价值"时总要求要同集体发展相融合，只谈个人价值的自我实现通常会被视作资本主义意识形态的行为取向，而这一时期私人经济的发展也进一步促进了个人意识觉醒，即集体和社会不仅应该充分重视个人价值、个人能量，就个人层面而言也理应主动顺应社会发展趋势，不断提高自我价值。

因此，即便前路漫漫、阻力重重，改革开放所带来的思想解放也必然会将有关个体的人的主体回归作为未来评判个人价值的重要标准。所以在特定的时代背景下，在一定的社会经济条件下，"雇工必然有剥削"的论断必定是不符合马克思主义所强调的历史唯物主义态度的。

<<< 第三章 先后差别的"共同富裕"话语：改革措施及其表征方式转变（1978年12月—2002年11月）

历史的发展需要能人的行动，但也因为过去一再强调"公"的发展，而当下允许"私"的扩张，在如此这般的发展大背景之下，处理"集体"与"个人"、"公"与"私"问题的理念在过去非黑即白的对立格局的基础上纵向发展出新层次，即由提倡一心为公、克己奉公，转变为鼓励奉公守法、辛勤劳动，反对假公济私、唯利是图——个体的自身发展需求在这一时期、这一过程中逐渐被理解认同，开始受到正视，并为发展过程中主次有别的个体率先发展思想提供了合法化解释。至于人们对"什么样的生产才应是正当走向富裕的生产"这个发展命题的思考与认识，也受其影响走向了人的主体性回归之路。

鉴于社会主义中国本质发展的要求，同时也是为了避免个体发展过程中可能带有的"资产阶级个人主义"思想会给中国人民的"共同富裕"观念带来不良影响，党的喉舌《人民日报》从摆正民众思想，引导舆论导向的角度出发，在20世纪90年代开始陆续发表系列文章，旨在推广传播社会主义典型的共同富裕观，同时又能有效弥补过去较长一段时间"共同富裕"话语的主体性缺失问题。比如，1995年，《人民日报》刊文《坚持共同富裕的发展观》，文中指明当一个省内仍旧存在很多贫困县且这些贫困县中的人民大多还处于一种贫困状态时，而与此同时在省内一个新型富裕阶层正在崛起，涌现出一大批资产上百万元、千万元的大户、富户，那这个时候，我们更要提倡通过"先富带后富，实现共同富"的方式、手段来进行宏观调控。[1] 1996年，《人民日报》刊文《先富带动和帮助后富 实现全社会共同富裕》，文中强调"我们既要保护和鼓励先富起来的人勤劳致富、合法致富的积极性，更要调动广大后富者包括低收入者和全国尚未解决温饱的贫困人口的积极性，帮

---

[1] 梁国英. 坚持共同富裕的发展观［N］. 人民日报，1995-06-22（9）.

助他们加快发展生产力"①。这些发文将共同发展、共同富裕的共兴意识通过媒介传播开来，引导、塑造着民众的共同富裕观念，但这种带有高度道德性质的精神要求也在言语、文字的传播中流露着对个体自身富裕或者个体率先要求富裕的轻视甚至忽略。不过，随着一部分人的先富也为重视个人价值的理念奠定了更加深厚的群众基础，并且一部分人的先富使得富裕的评价体系也不再局限于过分强调物质层面的简单标准，而是迈向了更加丰富多元的境地。此后，人们对物质生活的充裕、精神生活的满足、人际关系的和谐等方面需要的满足在社会主义市场经济的发展进程中，在社会主义现代化建设与精神文明建设的过程中自然而然地发展为共同富裕的题中应有之义。

也许社会对"雇工争议"所展开的讨论只是改革开放后政策调整以及思想解放潮流中突发的偶然性事件，不论其存在与否都无法改变社会历史延续向前的轨迹，但我们同样应该承认，在既有的社会发展现实中，它最早也最直白地将原本虚拟且难以触摸的启蒙精神具象化，并以其独有的方式加大了人性解放的速度与深度。因此可以毫不夸张地说，若没有"雇工争议"为"共同富裕"话语主体回归所奠定的思想基础，"共同富裕"话语的多元化进程必将遭遇难以估量的阻力。当"以人为本"的价值观在共同富裕的内涵及其话语表征中同时显现，新中国成立以来的共同富裕观才得以迈出社会或集体的宏观视野框架，而向微观的个体需要进军——从这个角度来看，改革开放热潮期的差别的"共同富裕"话语就绝不仅仅是对过去较长时期通俗质朴的集体主义"共同富裕"话语的时代化发展，更是完成了对新中国成立初期轻视"个体人的需要"的调整。

---

① 胡富国. 先富带动和帮助后富 实现全社会共同富裕 [N]. 人民日报, 1996-05-21 (9).

<<< 第三章 先后差别的"共同富裕"话语：改革措施及其表征方式转变（1978年12月—2002年11月）

（二）从新型意识形态到"共同富裕"话语的范式转换

20世纪50年代末，毛泽东同志在党的全国宣传工作会议上指出："我们已经在生产资料所有制的改造方面，取得了基本胜利，但是在政治战线和思想战线方面，我们还没有完全取得胜利。无产阶级和资产阶级之间在意识形态方面的谁胜谁负的问题，还没有真正解决。我们同资产阶级和小资产阶级的思想还要进行长期的斗争。"[1] 新中国成立初期带有强烈政治色彩的意识形态思想指导着当时一系列方针政策的制定与实施，比如，当时在社会中较为流行的继续革命思想、修正主义等，这些思想长期存在于当时的部分领袖及广大民众心中，因而在国内推行改革开放之前我国占主流的意识形态思想始终被束缚在计划的、公有的、革命的以及阶级的框架之中。

回顾当时的世界发展格局，热战的结束和冷战的谢幕推动世界各国发展呈现多元化，不再过分地聚焦于战争与和平议题，过去引发较多讨论的革命和反革命问题也日益淡出民众视野，而就中国发展局势而言，伴随改革开放的展开，国内发展格局发生重大转变，经济、社会发展层面的关注与重视成为这一时期中国发展的最大特征。基于国家整体发展格局、方向的调整，党中央领导集体日益开始对早期的革命意识形态改造进行初步尝试。比如，借助马克思列宁主义、毛泽东思想等科学社会主义发展思想阐释改革开放新内容，以科学思想武装现代理念，实现科学理念与现实元素的再阐释。一方面，这种形式的理念改装推动了现实制度的顺利着陆，新的发展理念在民众中的接受度由此大幅提升；另一方面，新包装下的发展理念促使过去笼统、宏观、全能的社会主义意识形态自然而然地过渡为更具时代特点，包含经济发展、个人自由、思想解放等的社会主义意识形态。

---

[1] 中共中央文献研究室. 毛泽东文集：第7卷［M］. 北京：人民出版社，1999：281.

受具体意识形态改造、调整的影响，中国共产党的政治话语作为改革开放时期中国主流意识形态的外在表征形式也相应经历了一些变革，这些话语的转变一方面有效抑制了改革开放初期社会中仍旧存在的阶级、阶级斗争等话语的生产与传播，也在舆论层面消除了较长时间留存在民众头脑中的强烈阶级、革命概念。另一方面，改革开放所带来的社会独立与人的思想解放推动政治话语由过去党和国家主导转变为党、国家以及社会三者之间有来有往、交流融合的互动关系。社会中的公共话语更是扮演着重要的监督角色，通过现实中真实而又具体的实际问题助推社会治理的改善和发展，公共话语的进一步发展也使阶级话语所主导的宏大叙事开始逐步淡出人们的视野。

以党媒《人民日报》为媒介考察其中"共同富裕"话语的变迁对于探讨中国共产党政治话语的转变既具代表性，又有说服力。共同富裕是社会主义的本质特征与基本要求，代表着党的主张和国家的发展方向，就这一层面而言中共中央机关报中刊载的"共同富裕"话语毫无疑问构成了中国共产党政治话语的重要组成部分，因而通过分析媒介"共同富裕"话语的报道模式转变更能帮助我们洞察中国共产党政治话语范式的转换。首先，从中华人民共和国成立到改革开放新时期，纯粹通俗质朴的共同富裕话语在改革开放后被更具发展意义和现实性质的差别的共同富裕话语所取代。其次，经过前期的努力，我国已然确立了社会主义发展道路，在之后的发展进程中社会主义的优越性除了通过意识形态体现还需通过更具实际意义的人民生活状况等来凸显，这一时期《人民日报》对共同富裕的报道中既提到了富裕实现的先后性，又强调不同地区、不同人群等源于自然地理因素、个人自身差异等的客观分析，允许且承认富裕的不同步性确实不可避免地存在。在相关报道话语范式转换后，媒介"幸福"话语开始承认社会主义在发展的进程中同样具有阶段性特征，一些特殊时期尤其是社会主义发展初期由于生产力

<<< 第三章 先后差别的"共同富裕"话语：改革措施及其表征方式转变（1978年12月—2002年11月）

发展等各种原因，存在贫困问题，而怎样看待社会主义的贫困问题，如何摆脱社会主义社会中的贫困现象并且让作为社会主体的人民群众实现共同富裕，则成为改革开放新时期媒介"共同富裕"新的话语指向。再次，随着思想解放与社会自由度的提升，过去被视作反动性质的媒介监督在社会层面得到更加广泛的认可，"共同富裕"开始突破其原本意义，为寻求新的解读提供更多可能，比如，报道中对一些个体户发家致富的报道仿佛是对过去"共同富裕"理念的颠覆，实则表明在时代发展进程中"共同富裕"话语被注入了新的时代元素，一定程度上这也使得具有时代特点的动态发展的话语作为公共话语的重要组成部分，加入对该时期政治话语的监督之中。

因此，在谈及这一时期《人民日报》对"共同富裕"话语的报道时总是强调其中的话语范式转换，但是究其根本，导致这一现象的关键在于新时期各行各业专业化的回归。改革开放之前《人民日报》的报道内容侧重于主观服务于国家整体的意识形态传播需求，而在改革开放之后《人民日报》中的"共同富裕"话语在服务大局宣传的同时顺应社会发展需求以及人民群众的需要，将客观的、公正的，更具专业化的新闻理念融入其中。

本章小结

党的十一届三中全会之后，改革开放的大幕在中华大地正式拉开，挣脱历史的枷锁、打破观念的束缚，中国历史翻开了新的篇章。底层突破，顶层确认，政策呈现，截止到党的十六届一中全会，我国经历了经济社会巨变的24年。改革的新空气给中国社会带来的新气象推动着《人民日报》内容与形式的革新，从过去通俗质朴的"共同富裕"话语过渡为新时期先后差别的"共同富裕"话语。具体而言，在物质层面，保障人民群众根本的生活条件，成为推进共同富裕的标准的同时，还提到了精神富足、生态良好、社会和谐等也是共同富裕的重要内容；在共同富裕的实践途径层面，这一时期充分认识到共同富裕的不同步性与差异性，尤为强调发展对于共同富裕的重要意义，各项政策的相继出台也一再表明共同富裕要以富裕为基础，社会主义是富裕不是贫穷，贫穷不是社会主义；在意识层面，共同富裕不仅仅限定于政治、意识形态、国家等宏大方向的讨论，伴随着思想解放和人的主体意识的觉醒开始，从实际出发强调关注个体民众的自我发展。

　　基于媒介"共同富裕"话语内容传播的需要，改革开放之后到十六届一中全会之前的24年间，《人民日报》对"共同富裕"话语建构策略也随之进行了些许的转变与调整。比如，报道文本应用中词汇使用数量有所增加，反映时代特色的新型词汇开始出现，复数的第一人称代词"我们"也由过去强调内部团结集中对外的警醒抗争形态日渐转变为更多地服务于增进接收方对表达方及其所述内容的认同层面，人称代词的"我们"也由此变得更加轻松与日常。话语实践层面，共同富裕新认识、新解读的传播需要既改变引语来源的侧重点，又推动新闻本质的回归，使得消息、通讯等典型新闻体裁逐渐取代会话式体裁成为主流；在社会实践层面，国家发展重点的转移推动着相应的政策调整，这一时期个体私营经济的发展壮大为个体的主体性回归奠定物质基础，由此带来了媒介"共同富裕"话语的主体回归与范式转换。表现为意识形态层面的"共同富裕"政治宣传逐渐减弱，而符合新闻规律与属性的报道应运而生。

　　伴随社会的发展进步，这一时期的媒介"共同富裕"话语模式也在同步发展前进。同之前一段时期理想化的共同富裕话语相比，本阶段的媒介"共同富裕"话语更加尊重社会发展的客观现实，遵循新闻报

<<< 第三章 先后差别的"共同富裕"话语：改革措施及其表征方式转变（1978年12月—2002年11月）

道规律。基于此，本时期的媒介"共同富裕"话语在同国家大政方针完全保持一致的宣传路线基础上开始积极囊括社会现实，以实现报道的多元化发展。公共话语开始加入党媒的相关报道之中，从而推动宣传体系更加客观高效且更具可信度。改革开放势头之下所呈现的更具现实意义与发展前景的共同富裕内涵与重视新闻专业属性回归的话语报道策略，既代表着共同富裕与时俱进的发展要求，也体现着话语表达方式创新变革下对主流意识形态的传播需要，从中能看出中国共产党对捍卫以及重建文化领导权所做出的时代努力。

第四章

主旨回归的"共同富裕"话语：
新形势新发展下的传播调试
（2002年11月—2020年12月）

  实现共同富裕是建设有中国特色社会主义的本质要求，也是构建和谐社会的必由之路。改革开放30多年来，我国现代化建设取得了举世瞩目的成就，经济总量跃居世界第二位，人民生活水平不断提升。但受多种因素影响，区域之间、城乡之间发展极不平衡，尤其是贫富差距持续扩大，成为影响社会和谐稳定的关键性难题。加快缩小贫富差距，逐步实现共同富裕，是当前十分紧迫的重大战略任务。[①]

——《人民日报》2011年6月26日第4版

  十一届三中全会之后中国开始了对内改革、对外开放的战略发展大调整，这一大动作改变了过去一段时间中国的发展模式，推动了一系列新的制度以及政策的出台。传统观念中我们一致认为社会主义只能实施计划经济，改革开放之后邓小平同志强调社会主义也可以搞市场经济，市场经济和计划经济都可以是助力社会主义中国发展的手段措施。计划和市场无法直接决定一个国家社会基本制度的性质，从更加本质的层面来看二者均为社会化大生产条件下实现资源配置的方式，是国家经济调

[①] 共同富裕与中国特色社会主义理论研讨会举行［N］.人民日报，2011-06-26（4）.

节的具体手段。基于对市场和计划的根本性认识以及党中央向民众的全新阐释解读，顺应中国改革开放发展大势，社会主义市场经济制度这一新概念、新制度应运而生，在社会主义的框架之下，中国的市场经济如雨后春笋般迅速崛起并发展壮大。中国经济在短时期内实现了迅速腾飞，推动着中国人民收入大幅增长。但是利弊总是相随，经济发展的同时中国社会中出现的分配失衡、收入差距持续扩大的问题逐渐引发人民群众强烈的不满，这些问题也成为中国发展进程中面临的重大挑战和突出问题，成为全社会关注的焦点。

面对如此这般的发展情形，这一时期作为官媒的《人民日报》一方面继续沿袭前一时期的报道风格，展示改革开放、市场经济等相关政策之下中国发展取得的巨大成就，展示新时期人民群众生活条件的重大转变。另一方面，《人民日报》也充分认识到了当下社会中的分配失衡以及收入差距的持续扩大对民众生活以及社会和谐发展所带来的不稳定因素。针对上一时期发展所带来的问题，国家也在积极应对，随着东部沿海地区的迅速崛起，西部大开发战略、东北振兴战略、中部崛起战略在这一时段陆续出台，以应对国家发展中面临的不平衡问题。媒介话语从过去沿海、内地两个板块的区域发展战略格局报道开始转变为东部、西部、中部和东北地区四大板块的区域报道。而针对贫穷这一问题，国家更是陆续启动了"三西"（甘肃定西、河西，宁夏西海固）专项扶贫计划、"八七扶贫计划"，并且从2001年起制定了两个为期十年的农村扶贫开发纲要，这一时期我国的减贫工作进入综合减贫以及精准扶贫阶段。习近平总书记在擘画中国发展蓝图时讲，要让全体人民过上幸福安康的生活，其中摆脱贫困是基础，因而扶贫、脱贫成为这一时期媒介共同富裕话语的重要内容构成要素，而以"共同富裕"为代表的媒介政治话语也在平衡发展理念与扶贫工作中展现出新的样貌。

通过对本时期《人民日报》关于共同富裕系列报道样本的认真研读能够发现,一方面,面对社会发展中出现的差距问题,政府层面正在自上而下积极采取社会主义的政策调节,推动社会发展回归社会主义的本质要求,因而平衡发展理念成为党的十六大召开至建党百年18年间媒介"共同富裕"话语最为鲜明的时代特点。但另一方面,习近平总书记在庆祝中国共产党成立100周年大会上指出的重视区域差距,调节收入分配、着力摆脱贫困等系列具体举措确实为媒介"共同富裕"话语注入了新的生命力,并带去了更多可能性。

为了在本书中更加清晰地呈现"共同富裕"话语在这一时期所展现的个性与特色,本书将2020年12月31日作为划分阶段的时间节点,先通过这18年间媒介"共同富裕"话语的分析探知这一话语类型如何与国家整体的平衡发展理念形成互动,再以此为基础进一步论述中国式现代化发展新征程中"共同富裕"话语的个性特征。

一、主旨回归阶段"共同富裕"报道概貌

自党的十六大召开到中国共产党建党一百周年的18年时间里,《人民日报》中以"共同富裕"为标题的主题报道共计45篇。进入新世纪,经过20多年的改革开放,中国人民的生活水平得到显著提升,人民富裕程度也大大提高,总体小康在这一时期得以实现。然而城乡、地区、产业之间的差距以及资源占有不同的群体之间的收入差距也在随着社会的发展而逐步拉大,同期出现的还有民众需求的日益多样化,社会关系的日益复杂化等。基于社会发展的现实情况,这一时期的共同富裕话语被赋予了更多的内涵。《人民日报》中与共同富裕相关的报道也涉及了更多方面的内容,包括公平发展、人的全面发展、协调发展以及全面小康等。习近平总书记在十九届中共中央政治局常委同中外记者见面

<<< 第四章 主旨回归的"共同富裕"话语：新形势新发展下的传播调试（2002年11月—2020年12月）

时的讲话中强调："全面建成小康社会，一个不能少；共同富裕路上，一个不能掉队。"① 此后，《人民日报》就这一热点话语开始了以"共同富裕路上，一个不能掉队（倾听）"为主题的系列报道，媒介"共同富裕"话语之路也从此迈上了新台阶。党的十八大以来"共同富裕"被确定为建成社会主义现代化国家的必要条件，媒介"共同富裕"话语逐渐告别了上一时段的先后差别的共同富裕转而开始同新时期新发展理念相结合。针对较长一段时间存在于社会主义建设过程中的经济建设"腿长"、社会建设"腿短"问题，党中央开始积极予以政策干预，主旨回归的"共同富裕"话语成为这一时期媒介"共同富裕"话语的发展趋势。从这一趋势中能够看出党和国家对于带领人民摆脱贫困实现共同富裕的努力政策。（年度变化趋势参见图4-1）

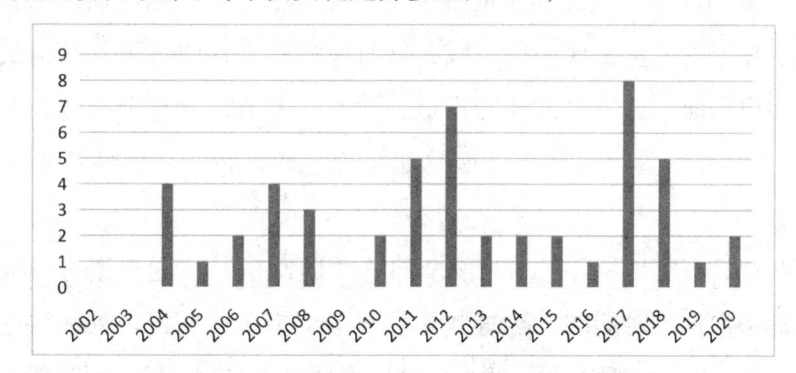

图4-1 《人民日报》有关"共同富裕"的报道数量（2002年11月—2020年12月）

第一，报道版面。党中央一再强调宣传思想要同实际、生活、群众相贴近，《人民日报》作为党的喉舌，中央重要的宣传载体，这一时期通过版面的调整以及文风的改革等深刻贯彻落实执行党中央的"三贴

---

① 丁海涛. 习近平在十九届中共中央政治局常委同中外记者见面时强调 新时代要有新气象更要有新作为 中国人民生活一定会一年更比一年好 [N]. 人民日报，2017-10-26（2）.

近"原则,积极承担党报职责与担当。本阶段《人民日报》经历了其历史上最为重要的三次扩版,分别是2009年、2010年以及2019年,陆续增加了要闻、国际新闻、社会建设新闻和理论、文艺评论、文艺副刊等方面的内容。对中国的媒体来说,2009年是大变革的一年,中央人民广播电台已于这一年年初改版,央视的改版也正在进行中,三大中央媒体"联动",似乎预示了某种变化的方向。这一方向总结出来就是两点,一是强调新闻性,另一个是突出民生。《人民日报》是党中央机关报,"党报姓党"的根本原则是不能变的,同时也应该确立"新闻立报"的办报理念。既要坚持《人民日报》的政治属性——姓"党",又要充分发挥其社会功能——是"报"。三次重大改版导致的直接结果就是同"共同富裕"主题相关的报道出现在了诸多不同的版面之中,但同过去相似的一点是要闻这一版面仍旧是媒介"共同富裕"话语最主要的报道版面。这一时期伴随报道的新闻性发展以及整个新闻界的改革,"共同富裕"主题的报道越加符合新闻规律,新闻性特点越加凸显。

第二,报道地域。对本时段全部"共同富裕"主题报道进行筛选剔除后得出这一时期共有新闻类样本34篇。首先,按国内外区域进行划分,这一时期出现在国际版面的共同富裕报道只有一篇,国际新闻中关于共同富裕的报道占比严重下降,由此不难发现进入21世纪之后国际各国对于共同富裕的讨论相对减少,并且随着社会主义国家数量的减少以及力量的衰弱,带有社会主义性质的共同富裕更成为一个国际社会较少讨论的问题。其次,就我国而言,这一时期全国性新闻(7篇,20.6%)和地方性新闻(19篇,55.9%)从所占比例来看,整体是呈现上升趋势的,这也表明过去较长一段时间存在的对于国外尤其是苏联等国家共同富裕的想象憧憬开始让位于对自身国家甚至是国内具体地方的共同富裕现实及未来的关注,这也正是我国媒介"共同富裕"话语在改革开放20多年之后的明显变化。这一转变一方面既代表着我国主流意识形态方向的转移,另一方面也印证着党和政府对中国当前发展现状的清楚认识和宏观掌控,共同富裕正在具体的实践当中得以不断推进落实。与此同时,这里要再次强调"共同富裕"相关报道数量也存在较大的地区差异性,其中河南、重庆两地是媒介"共同富裕"话语出现频率较高的两个省级行政单位。河南的人口数量之庞大、地理位置之特殊,农业产区之重要等因素决定其区域的共同富裕对于整个国家实现共同富裕具有重要意义。而重庆作为西部大开发的战略支点对于整个西部的发展也是意义非凡的。可以说,媒介对于共同富裕的关注从国外转到国内,从全国转移到地方,初期媒介"聚光灯"照耀在苏联较为富裕的物质生活水平上,伴随国内的发展与崛起、矛盾与冲突不断出现,媒介"共同富裕"话语转变为聚焦地方如何在中央政策引领下推进实现共同富裕,如何推进全体人民实现共同富裕。

第三,报道体裁。首先,伴随社会的发展与思想的解放,这一时期《人民日报》中关于"共同富裕"的主题报道顺应新闻发展的规律,继续维持着同上一时段一致的新闻类体裁为主要报道体裁的重要地位,但在具体体裁的使用之中也有些许的改变和调整。比如,这一时期使用最多的体裁是要闻(26篇,55.3%),共同富裕的主题报道高频次出现于要闻之中表明了共同富裕既是国家关注的焦点问题,也是人们普遍关心的重要内容。其次,系列(连续)报道(6篇,12.8%)、图片报道(6篇,12.8%)和新闻评论(3篇,6.4%)等体裁使用率的一致提升又展现了新形势新发展下党性媒体在宣传话语多元化、大众化等方面所做的革新与努力。最后,这一时期理论性文章(13篇,27.7%)等公共语篇相继参与共同富裕主旨回归的探讨之中,一定程度上表明了民众对社会主义国家真正实现共同富裕的期待与支持。

  从报道版面、报道地域以及报道体裁方面来看，主旨回归的"共同富裕"话语较之先后差别的"共同富裕"话语是紧密联系且一脉相承的，但剥开表象具体来说，不论是话语表征还是背后的政策法规，这前后相继的两个时期的共同富裕话语存在着些许的根本不同。我们能够发现相比改革开放热潮期，本阶段的政治新闻与经济新闻占比均有明显提高，尤其是政治新闻更成为本时期的主要新闻类型。而社会新闻相较之下则有大幅度的下降，这种社会软新闻同较为重大的硬新闻所占比例发生了转化，当然，两者在过去特殊时期中出现的情境有着本质区别，新形势新发展下硬新闻的较多出现虽有其自身的政治因素，但其也是建立在"共同富裕"话语多元化、大众化发展的基础之上，旨在帮助党中央与各级政府构筑自身形象，是推动政策实施与被民众更好地接受的有力助推器。媒介"共同富裕"话语在这一时期表现出来的差异一方面为本阶段通篇的话语分析找到了方向和突破口，另一方面，这一差异也提醒着分析者要着重探究媒介如何在共同富裕本质回归的时代背景下再次实现其与政治主题的契合、接洽。

二、共同富裕文本及其话语实践：政府形象的塑造

  伴随社会的发展进步，新时期的共同富裕被赋予了更加鲜明的时代特色，从通俗质朴到先后差别，当前民众新形势新发展下同样也在呼唤着共同富裕话语的主旨回归。不同时期给予了共同富裕不同的特色与内涵，所以现阶段对于"共同富裕是什么"的困惑已经转变为对其是否能够实现以及如何实现的追问。基于此问题，媒介"共同富裕"话语作为意识形态的表征方式不断尝试做出回应。下文，研究者主要从共同富裕文本出发，通过分析高频词、引语等内容来探究媒介"共同富裕"

话语在这一时期的具体指向。

（一）高频词与政府形象偏向

高频词是指在固定文本资料中出现频率较高的词、短语或词组，通常用来描述文本的主题，表达文本的意义，甚至可以从中提取文本的关键信息。而高频词统计分析可以帮助我们更好地理解文本的内容，更好地把握文本的主题，更好地分析文本的结构特征，更好地提取文本的关键信息，从而更好地利用文本信息。因而，本时段充分考虑到共同富裕在现阶段的背景、政策与实践，研究者最终选取了关联性较强且更具代表性的二十个的高频词（如表4-1所示）进行详细的阐释分析，以对这一时期主旨回归的共同富裕发展指向进行较为系统全面的描绘。

表4-1 《人民日报》有关"共同富裕"报道的高频词表（2002年11月—2020年12月）

词汇	频次	词汇	频次	词汇	频次
发展	322	共同富裕	310	实现	197
扶贫	138	收入	115	社会	114
农村	108	促进	98	经济	96
帮扶	96	社会主义	92	城乡	87
分配	85	差距	73	全面	64
脱贫	61	精准	59	政府	43
政策	42	道路	39	民生	31

1. 科学"发展"是新形势下改善"民生"、实现人民"共同富裕"的"政策"导向

改革开放以来的一系列先富政策推动了部分地区的高速发展，带动了国家经济发展的腾飞。根据国际经验，在经济长期发展的历程中，人均1000美元是一个非常重要的战略起点。就国内整体经济发展而言，20世纪之初我国国内人均生产总值突破了1000美元大关，千元大关的

突破是我国从相对落后向相对发展前进的转折点，这意味着中国由此脱离了低收入国家的群体，中国经济从此进入了一个新的发展阶段与战略起点。如果战略和政策把握得当，从这个起点上，经济可以迅速起飞。然而经济发展的这一阶段，通常是结构变动最为剧烈、各种矛盾最为突出的时期，处理得不好，极其容易造成社会动荡、经济停滞。从这个角度看，能否抓住这一重要战略机遇，确实关乎国家兴衰，也成为考验新时期是否能够推动共同富裕在社会主义中国向前发展的重要考验。面对新的发展形势，以胡锦涛同志为代表的党中央总结国内外经验教训，提出科学发展观等重大战略思想。同共同富裕发展要求相契合，同当前中国社会面临的问题相结合，科学发展观核心强调以人文本、改善民生，要义是发展，发展道路中要妥善处理公平与效率问题，注重社会公平，而根本方法则要统筹兼顾，既要统筹城乡、区域实现共同发展，又要统筹经济和社会等的发展。科学发展观的核心、要义和根本方法从政策层面出发，为更好地实现共同富裕，提供指引方向，开辟了新的途径。

"民生"一词是历史时代的产物，在中国近代史发展历程中，最初是在孙中山的三民主义中首先得到阐发，但这一概念的真正重生是在中国同世界再次接轨的新时期——21世纪，也是在这一时期民生话语开始引入媒介话语之中。2006年的《政府工作报告》中党和政府对于民生工作展现出高度重视，在国家方针政策中将统筹兼顾和关注民生摆在同样的位置，民生一边关系到群众一边关乎国家大局，也由此"民生"一词开始与共同富裕概念相结合进入媒介话语体系之中。这一时期民生与共同富裕的结合同处于同一时期科学发展观的提出紧密联系。现阶段所提出的科学发展观实质上是对人民所期盼的、社会主义发展所要求实现的共同富裕的政策回应。科学发展观内核的实践指向最终会从民生改善中得以体现。因此从一定上意义来看，科学发展观是人民共同富裕观

<<< 第四章 主旨回归的"共同富裕"话语：新形势新发展下的传播调试（2002年11月—2020年12月）

在内涵与实践层面的丰富与扩充。

现阶段提出的科学"发展"观、"人民"共同富裕观以及"民生"共同富裕观等理念背后隐含着时代转变之下民众的观念变化。从这一时期的文本语料中能够看出，改革开放初期对于经济发展的纯粹追求已被当下阶段的综合性发展所取代，而生活于社会之中的个体的感受也在这一时期被广泛关注，从中也能看出在主旨回归时期的媒介共同富裕话语承袭上一段先后差别共同富裕话语的同时，将把个体的全面发展与主体回归放置于更加宏大的社会发展视野之中进行考量。本时期的共同富裕话语强调经济发展和改善民生相结合，即富裕是共同的基础，在经济和民生层面则转化为经济发展是保障民生的基础和前提，相反，改善民生的过程也是凝聚力量、促进经济再发展的过程。在经济发展和改善民生同步发展的过程中，生态、绿色的可持续富裕的执政理念被融入其中，只有科学可持续的富裕才能真正提高人民群众的富裕指数。

2. 在"扶贫"的现实实践中让城乡"居民"共享"政策"红利，进而实现"共同富裕"

上一时期先后差别的共同富裕话语旨在强调共同富裕的不同步性，由此作为共同富裕基础的富裕在这一阶段成为这一复合名词提到更多的内容。同上一时期发展境遇相比，本时期在国民经济发展的同时，城乡差距开始凸显，并日益成为社会发展的重要矛盾。面对如此的社会现实，这一时期共同富裕要求主旨回归，要发展经济要富裕同时也要共同，尤其针对农业农村农民问题，本阶段政府层面开始采取大刀阔斧的行动，先后通过了两个为期十年的《中国农村扶贫开发纲要》，之后又通过乡村振兴、脱贫攻坚等具体的实践行动让城乡居民共享政策红利，最终助力实现城乡共同富裕。

面对城乡贫富之间的较大落差，中共中央出台政策支持，地方积极

107

进行脱贫行动。根据这一时期的报道数据，扶贫同共同富裕相结合的内容频繁出现，如《搞好扶贫开发　促进共同富裕》《广东　大扶贫带来大变化》《消除贫困　改善民生　实现共同富裕七省区市贯彻落实习近平总书记重要讲话精神，加大力度推进扶贫开发工作》《栽树扶贫　长远眼前都合算》等。其中在第一扶贫期结束之后，第二个扶贫开始之年，即2011年《人民日报》发文《告别"跛脚"发展　走向共同富裕》，深入报道广东地区的扶贫成效。广东作为改革开放的排头兵，最先享受改革红利，先行一步实现了富裕，因而在之后面对如何"先富帮后富""实现共同富裕"的问题时便义不容辞地将建设中国特色社会主义的又一重要命题放在心中、扛在肩上、落到实处。通过工业异地开发、农业异地开发、解决温饱问题、基础设施"会战"、危房改造工程、完善低保制度等措施，广东地区的扶贫"接力棒"一站传一站。在"一年脱贫，两年致富，三年发展"的目标之下，开启了"精确探位""对口问责""靶向治疗"三个扶贫环节，直击扶贫对象、扶贫人员以及如何扶贫等问题，创新性地提出"跳出扶贫抓扶贫""抓住扶贫创兴干"，推动新农村建设。最终乡村通过大扶贫实现大发展、大变化。广东"大扶贫"顺时势、合民情、得民心，由此成为其他地区扶贫的标本和范例。

另外，为推动城乡居民共享发展红利，这一时期强调推进农村改革发展，构建新型工农、城乡关系，形成城乡经济社会发展一体化新格局。打破当前城乡发展差异所呈现的二元结构，消除制约农村发展的深层次障碍，建立城乡经济社会协调发展的体制机制。[1] 伴随经济发展而来的城市化发展，党中央已然深刻认识到推动农村走向现代化、提升农

---

[1]　吴珺，何民捷. 努力实现城乡经济共同繁荣、城乡居民共同富裕[N]. 人民日报，2008-11-26（7）.

<<< 第四章 主旨回归的"共同富裕"话语：新形势新发展下的传播调试（2002年11月—2020年12月）

村人口生活质量是构建社会主义和谐社会的关键要素，因此结合中国发展实际，总结当前城乡发展经验，未来在城市化大发展背景之下倡导推动具有个性化的城镇化发展。城镇化和新农村建设在相互促进、相互参照中提升了农民的生活水平和质量，最终推动城乡居民共享现代化发展成果，实现共同富裕。

3."政府"陆续出台"脱贫""政策"，完善"分配"制度，缓解"收入""城乡"等"差距"，助力"实现""共同富裕"

进入21世纪，政府层面在推动社会和谐、平衡发展等方面出台了一系列具体且有成效的政策，而这一时期中共中央机关报《人民日报》紧跟中央政治方向，也在积极运用媒介话语传播向中国民众呈现当代中国社会动态平衡、整体富裕的民生画卷。与此同时，为了更好地使党报话语的接收方——广大人民群众，更加相信人民生活富裕的真实性、长期性及可持续性，这一时期的媒介"共同富裕"话语通过具体的措施词汇，如"政府""脱贫""分配""收入"等对实现共同富裕的政策实践进行进一步的说明。

从现实角度看，《人民日报》这一时期所采取的话语策略是在对当下社会发展面貌有了较为全面的考察认识之后所做出的全新选择，对于具体的政策以及成效等借助官媒话语向普通民众进行说明，展现当下为推进共同富裕的实现，政府在其中所做出的努力。比如，就"脱贫"问题，这一时期政府层面提出要开创西部大开发新局面，抓民族地区和集中连片特殊困难地区脱贫致富，落实好中央对民族地区的特殊扶持政策，推动贫困地区和民族地区实现跨越式发展。[①] 要科学谋划扶贫开发

---

① 本报评论员.明确奋斗目标 实现共同富裕[N].人民日报，2012-02-21（2）.

工作，采取精准扶贫，实现精准脱贫。① 在村委会，习近平同村干部、群众、驻村干部促膝相坐，共商加快脱贫致富之策。② 就"分配"和"收入"问题，党报贯彻宣传党的十八大精神，强调新时期要满足中国最广大人民的根本利益，改革收入分配制度，完善利益分配与协调的体制机制……规范收入分配秩序，完善有效消除不合理、不合法收入的体制机制。③ 农村土地制度方面强调建立兼顾国家、集体、个人的土地增值收益分配机制。探索农村集体经济产权关系清晰、利益分配共享、要素配置优化、治理结构完善的有效实现形式，建立中国特色社会主义的农村集体产权制度和符合社会主义市场经济要求的农村集体经济运营新机制。④ 从中能够看出，发展问题、分配问题等对于共同富裕的重要性已经在政府以及民众之间达成了共识，因此本阶段媒介共同富裕话语就是在说明政府如何解决这一系列问题从而推进共同富裕，借助党报的传播窗口民众能够更加明确政府的各项行为，进而对社会主义的共同富裕事业充满信心。

在政府解决社会矛盾的过程中，一方面，媒介话语展现了政府的主导作用，如政府层面出台区域协调发展整体战略，包括西部大开发、中部崛起、东北振兴等，在推进基本公共服务均等化的基础上建立健全公共服务保障体系，推动社会分配制度进一步完善发展，坚持不懈，对脱

---

① 消除贫困 改善民生 实现共同富裕：七省区市贯彻落实习近平总书记重要讲话精神，加大力度推进扶贫开发工作 [N]. 人民日报，2015-07-25（4）.
② 兰红米. 习近平到河北阜平看望慰问困难群众时强调 把群众安危冷暖时刻放在心上 把党和政府温暖送到千家万户 习近平强调，消除贫困、改善民生、实现共同富裕，是社会主义的本质要求。对困难群众，我们要格外关注、格外关爱、格外关心，千方百计帮助他们排忧解难 [N]. 人民日报，2012-12-31（1）.
③ 方世南，苏黎轩. 切实贯彻共同富裕的根本原则和要求（学习十八大报告 贯彻十八大精神）[N]. 人民日报，2013-04-22（7）.
④ 高云才，顾仲阳. 实现农民共同富裕的制度保障（政策解读·深化农村改革综合性实施方案解读）[N]. 人民日报，2015-11-03（7）.

贫事业一以贯之，等等。另一方面，媒介话语在烘托政府发挥社会行为主体作用的目的是要强调政府对民生工作的重视。对中国政府而言，消除贫困、改善民生，实现人民共同富裕不仅仅是其责任，也是其坚定的信念、主动的选择。这便是《人民日报》想要呈现给接收方即听众的报道信息。

总体看来，新形势新发展之下的媒介"共同富裕"话语通过高频使用一些具有代表性的词汇进而在民众中宣传其内在价值指向，达成其期盼的社会效果。如这一时期党报对脱贫工作以及成效的报道不仅向人们展现着政府层面对改善人民生活的努力，另外也有利于增强人民对政府的信任与信心，在这一互动过程中过去较为通俗质朴的共同富裕内核在今天得到了再次回归。另一方面，以"政府"为核心的话语表述策略在本阶段得到了前所未有的重视与贯彻，这就为新形势新发展下的共同富裕提供了行为主体与行为方式上的解释，从而使"接收方"——人民群众，在心中自发地生成了"政府"与"共同富裕"之间的联系，在新的发展情境中塑造着政府的为民形象。

（二）"重新词化"与政府为民形象的强化

词化作为一个认知语言学概念，通常指的是复杂的概念结构通过词汇形式实现的过程。词化程度一般可分为四个层次：第一层次为简单词，词化程度最高，词化程度第二位的是派生词，词化程度第三位是复合词，词化程度最低的是短语或句子。本阶段采取同前文语篇分析类似的方式"重新词化"分析，通过对不同时段的"重新词化"分析，理解党报中的"说话方"在特定时期的认知、看法，从而为下文具体的研究提供更多可以考据的信息。

表 4-2　政府与人民关系的"重新词化"对比

	社会主义制度确立和巩固期	21 世纪初期
政府对人民	党和政府正在用着比以往任何时候都更大的力量来**关心**着农民，而广大的劳动农民也一定会坚决地拥护党和政府的政策① 中国共产党和人民政府的一切政策，归根结底，都是**为了**发展生产力、**提高**人民的物质和文化生活水平② 政府**动员**民工到北京做工，农业社就特地让困难户张兴贵、张平二人去做，结果他俩做了六十多天工，共赚回九十多元，解决了秋收分配前的生活问题③ 深切认识到党和人民政府对少数民族的每一次措施，每一次改革，都是"毛主席给我们**搭起**的走向幸福的楼梯"④ 女社员们联想到解放后（新中国成立后）人民政府**给妇女带来的幸福**⑤	在发展中推进共同富裕，是党和政府的应尽**职责**⑥ 宁波市大批企业经政府**引导**进入贵州。强化政府服务，发挥帮扶效益 政府与帮扶城市共同制定了对口帮扶资金使用和项目管理办法，加强对捐赠钱物的**使用管理**⑦ 政府**带领**全市人民，一茬茬干下来，为**改善民生、缩小差距**打下了重要基础⑧ 各级政府都应该始终把"**满足人民日益增长的美好生活需要**"作为奋斗目标⑨ 各级党委和政府要高度重视残疾人事业，把**推进**残疾人事业当作分内的**责任**，各项建设事业都要把残疾人事业纳入其中，**不断健全**残疾人权益保障制度⑩

① 既要做好粮食收购工作　又要达到农业增产的目的［N］. 人民日报，1953-12-02 (1).

② 燕凌. 介绍沁县泰安等地紧密结合生产　做好购粮工作的经验［N］. 人民日报，1953-12-06 (2).

③ 郑浩，姚文锦，赵瑞. 陈家庄农业生产合作社带领困难户走上了共同富裕的道路［N］. 人民日报，1954-01-13 (2).

④ 纪希晨. 贵州省是怎样向少数民族宣传总路线的［N］. 人民日报，1954-04-17 (3).

⑤ 农民们热烈欢迎宪法草案［N］. 人民日报，1954-06-21 (2).

⑥ 陈伟光，陈先意. "加减乘除"谋发展：九江市庐山区推进共同富裕纪实［N］. 人民日报，2004-08-01 (4).

⑦ 孙海涛，徐屹峰. 奏响山海相连协进曲（落实科学发展观·转变经济增长方式·区域协调篇）［N］. 人民日报，2005-11-10 (2).

⑧ 王建新，崔佳，刘志强，等. 坚持民生导向，下大力气缩小城乡、区域、贫富"三个差距"　重庆探索共同富裕（人民观察）［N］. 人民日报，2012-01-09 (12).

⑨ 陆娅楠，齐志明. 促进人的全面发展、全体人民共同富裕（经济热点·新时代看新发展）：访国务院发展研究中心资源与环境政策研究所副所长李佐军［N］. 人民日报，2017-11-20 (17).

⑩ 促进残疾人全面发展和共同富裕（社论）：热烈祝贺中国残疾人联合会第七次全国代表大会开幕［N］. 人民日报，2018-09-15 (1).

第四章 主旨回归的"共同富裕"话语：新形势新发展下的传播调试（2002年11月—2020年12月）

续表

	社会主义制度确立和巩固期	21世纪初期
人民对政府	积极**响应**政府号召，领导大家栽树① 农民对共产党、人民政府更加**信任**了② **拥护**党和政府，**拥护**社会主义，**拥护**合作化运动③ **依靠**自己的政府，想着自己的国家④	群众对党委、政府工作**满意度上升**到93.8%⑤ 政府在山下修一套房子给我们，问我们愿不愿意搬下去，我当时就表态说**愿意**，不能再让娃娃们受苦⑥ 这里老人眼里潮潮的，连声说是党和政府**给了自己第二次生命**⑦

在改革取得巨大成效又暴露出诸多问题的当下，为了更好地塑造政府的为民形象，本时期的媒介"共同富裕"话语采取了同过去较为不同的表征方式表述政府和人民之间的相互关系，这里所提到的不同，主要从词汇的选择和使用中体现出来。表4-2呈现的是两个不同时期有关媒介"共同富裕"话语中有关政府和人民关系的典型表达。该书分别选取的是社会主义制度确立和巩固期以及改革开放更加深化发展的21世纪初期，即本书的第一阶段和第四阶段。通过这两个时期的对比能够看出《人民日报》在社会主义制度确立和巩固期经常用到"关心""为了""提高""动员"和"给"等动词去定义、表达政府对人民所采取的行为，而在新形势新发展的21世纪初期，虽然也保留了这类词汇，但其大多是在针对一些社会弱势群众时出现。政府在表达为民行为时更多地用到了"职责""引导""带领""应该""责任"等词汇。同

---

① 孔易，郭顺华，古柏. 十转山上绿化人［N］. 人民日报，1965-10-15（3）.
② 赵宪斌，师春山. 走两条道路的两种结果［N］. 人民日报，1954-01-14（2）.
③ 关于"依靠贫农"的几个问题［N］. 人民日报，1955-01-30（6）.
④ 金枚. 农村斗争生活的画卷：评长篇小说《金光大道》［N］. 人民日报，1972-10-28（4）.
⑤ 王建新，崔佳，刘志强. 坚持民生导向，下大力气缩小城乡、区域、贫富"三个差距" 重庆探索共同富裕（人民观察）［N］. 人民日报，2012-01-09（12）.
⑥ 共同富裕路上 一个不能掉队（倾听）［N］. 人民日报，2017-10-27（9）.
⑦ 共同富裕路上 一个不能掉队（倾听）［N］. 人民日报，2017-10-27（9）.

113

时，在人民对政府的表达之中，社会主义制度确立和巩固期的媒介"共同富裕"话语更多地使用的是"响应""信任""拥护""依靠"等阶层性质较为明显的词汇，而在新形势新发展的21世纪初期，人民对政府层面的表达呈现出更加具有层次感的评价性表达，如"满意度上升""对……表示愿意"。整体来看能够发现不同时期词话运用影响着读者心中对政府形象的判断与认知。新中国成立之初政府更多地强调的是立足自身层面能够给人民带来哪些改变，而在新时期政府更重视尝试站在人民群众角度去思考民众需要什么改变，更加突出政府责任与担当，政府和民众的关系发生了些许改变，政府工作人员更多地以人民公仆的形象出现，政府和人民的距离感、疏离感正在逐渐减退，而这一现象正反映出当前政府以"人民为中心，为人民服务"的执政理念正在不断地被深入探索与实践。

（三）引语调整与政府为民形象的巩固

改革开放所带来的思想解放推动着新闻行业的主旨回归，本时段同上一时段在报道体裁中具有相同的特点，即新闻类体裁在新闻报道之中仍旧占据主导地位。因此对于本阶段的分析不再借助报道体裁进行专门探讨，而主要针对新形势新发展之下政府如何通过媒介共同富裕话语建构其为民形象作为具体互文性的分析内容。

统计分析本阶段包含"共同富裕"话语的总计45篇报道样本，其中使用了直接引语的报道共有19篇（42.2%），使用了间接引语的报道共有12篇（26.7%），就比例而言，这一时期不论是直接引语还是间接引语使用率都呈现上升态势，其中直接引语的使用率更是达到了历史新高。从引语使用的情况当中也能够大致看出新形势新发展之下关于共同富裕相关报道的风格特色。

针对这一时期直接引语和间接引语使用比例所出现的回升现象，以下将从几个方面进行具体的分析解释。首先，从新闻行业发展来看，新闻自身天然就属于"他说"的过程，新闻工作要求相关报道使用他人所讲的话，即使用引语，一定程度来说这属于行业规定，当下引语使用率的攀升更是印证新闻行业的回归，也意味着在新形势新发展之下，各行各业在逐步步入正轨，正依据行业规范有序地向前发展。其次，改革开放后经济快速发展的同时也带来了一系列发展不平衡问题，新时期面对这些新问题，政府层面更要发挥其宏观调控作用，推出为民措施，展现为民情怀。这时候代表着政府的一些官方话语理所当然地成为这一时期媒介"共同富裕"话语中最受欢迎的引语类型之一，而这里所说的受欢迎不单单是指统计结果中引语使用率的上升，另外还体现在报道中多次引用同一领导干部各种相关话语，以及针对同一件事的报道中引用多位不同领导的话语进行佐证。从新闻的角度出发，在一篇报道中大量出现了引语，且出现各种引语的结合使用，这对文章内容的可信度以及文字表述的灵活度都有一定的积极作用，从而能有效改善文章形式的单一、呆板缺陷。因此，总体来看引语使用率的增多既是新闻行业发展的需求，也是特定背景下报道的需要。其中直接引语的使用更是令新闻稿件具有现场感，新闻报道具备信息权威性，新闻故事更具冲突性、戏剧性和人情味，从读者角度来说更是放大了"说话者"的声音、想法和观点，起到更好的传播效果。

另外，这一时期《人民日报》关于"共同富裕"相关报道样本中的具体互文性安排本质来说都是有意为之的结果，并非随机事件或偶然现象，其旨在表达说话者的价值体系或观点。对比分析不同时期不同引语来源的使用情况能够发现，来自政府层面的话语，如最高领导人的话语、中央决议中的话语、国家法令以及党政干部话语，在这一时段是引语尤其是直接引语的主要来源，这一现象的出现显然有着其目的与作用。一方面，源于这些话语主体所处的特殊地位，他们说的话同人民利益密切相关，在报道中引用他们的话语能够更好地展现新时期中国政府的为民形象；另一方面，媒介"共同富裕"话语在将政府这一虚拟形象具体化的前提下，以创造政府与普通民众之间虚拟"对话"的方式来增进民众对政府为民思想的理解与服务形象的接纳。这一时段的引语同之前时段相比，"知识分子"的话语引用比率基本保持持平。知识分子作为人类科学文化知识的首创者、继承者和传播者，是推动我国科技进步和经济发展的生力军，是先进生产力的开拓者，也是社会主义精神文明建设的骨干和核心力量。知识分子自身所具备的社会影响力与公信力能够为政府的为民思想与实践是否具备科学性、合理性等提供解释与证明。报道中对于"普通民众"话语的引用同过去相比在方式上展现出具备时代特点的新变化。正如上文所提到的，这一时期人民不再仅仅停留在"赞同者"这一种身份，人民当家作主的意识在不断觉醒，普通民众中的部分人群甚至会对社会问题发表观点，对政府执政过程进行监督，成为共同富裕的推动者等。这一时期党报中的媒介"共同富裕"话语借助引语的方式呈现出执政者同普通百姓之间的互动，而这种互动核心是执政为民，并以此建立社会共识，这种独具时代特征的互文性策略随着民主政治的发展也在越加深入地被贯彻。

三、社会实践：新形势、新发展下"共同富裕"话语与社会的互动

上文对这一时期党报关于共同富裕报道的样本进行文本与互文性分析得出，党的十六大一直到中国共产党建党一百周年的18年时间里，媒介"共同富裕"话语意在将构建政府为民形象作为话语方向，不仅从话语主体、话语主题以及话语的实践指向等出发对这一时期推进共同富裕的系列问题进行了回答，同时也为本阶段"共同富裕"话语与社会的互动打下了基础。在社会实践层面的分析中，以下尝试从这一时期的共同富裕话语偏向、共同富裕观的培育以及传播调试等方面着手进行进一步的分析、探讨。

<<< 第四章 主旨回归的"共同富裕"话语：新形势新发展下的传播调试（2002年11月—2020年12月）

（一）民生建设与新时期共同富裕的话语偏向

十一届三中全会之后的改革开放不仅给国人带来了思想解放与自我觉醒，也为改革开放热潮期的媒介"共同富裕"话语拓宽了发展之路。更具时代特色的媒介"共同富裕"话语发展既表达着主流意识形态内容，也开启了对个体的人的自我认识与追寻。当下，伴随共同富裕主旨的回归，上述发展进程也得到了进一步深化发展，因而这一时期的媒介"共同富裕"话语在承袭上一时期表现样态的同时，又展现出多元与均衡的新样态。媒介"共同富裕"话语在时代的演进中推进其话语流变，并由此完成了其与主流意识形态的互动。

对比改革开放初期和当下时期的共同富裕样本内容能够发现，改革开放热潮期对经济发展的狂热使得这一时期有关物质富裕的报道总量几乎是精神富裕报道量的两倍，当下媒介"共同富裕"报道内容虽然延续了过去较长时段对于物质富裕层面的重视，但同时也深受平衡发展理念的影响，共同富裕话语在多元化、均衡化方向有所延展扩充。本时段的共同富裕样本中，在涉及物质富裕的同时也多次提及精神需求、成长需求、权利需求、生态需求、全体人民的富裕、人的全面发展等内容。这一时期随着对共同富裕多层内涵的充分重视，同过去过分强调物质富裕相比，当下对于共同富裕各类内涵之间的报道不断提升，其间的配比差距在逐渐缩小，人们对共同富裕的认识也更加全面。

首先，2012年1月9日《人民日报》第一版刊发重庆探索共同富裕的报道《坚持民生导向，下大力气缩小城乡、区域、贫富"三个差距"重庆探索共同富裕（人民观察）》，报道指出，坚持民生导向，"缩小差距，共同富裕……着力深化改革，在收入分配、财税调节、公共服务、社会保障、户籍制度等方面进行体制机制创新"①。这一时期对于《坚定不移走共同富裕道路（热点追踪）——"共同富裕与中国特色社会主义道路理论研讨会"综述》的报道也强调"逐步实现共同富裕，需要突破'就分配谈分配'的狭隘思路，从基本经济制度完善、生产关系和财产关系调整、收入分配制度改革、社会福利体系建设、政府公共服务加强、腐败治理、'灰色收入'规范、'黑色收入'取缔等方面，对分配不公进行系统治理"②。因此，以推动人民共同富裕为目标的民生建设，和以促进民生建设为重要内容的"共同富裕"话语都不可避免地围绕以上问题展开，而以上问题又大多与人的物质富裕直接相关。这就必然导致在共同富裕主旨回归阶段延续了前两个历史时期中媒介"共同富裕"话语对物质共同富裕过度关注的话语偏向。

其次，源于当前社会文化等发展的影响，同物质富裕相对的精神富裕也成为这一时期共同富裕相关报道重点提及的内容。在国内学者对共同富裕的广泛讨论之中，学者们提到共同富裕作为社会主义的本质内容，其是物质利益和精神价值的统一。其中精神价值主要体现在三个层面："共同富裕是共产党员在社会主义时期发挥先锋模范和示范带动作用的精神动力，共同富裕是培育健康生活方式的精神动力，共同富裕是营造相互关心、相互帮助、团结奋斗的社会氛围的精神动力。"③

最后，共同富裕是主导性价值和共同性价值的统一。这一时期通过对共同富裕精神价值的表达，指出要实现共同富裕必然需要培养社会主流价值观，需要在全社会树立劳动的观念、人民群众的观念、和谐互助

---

① 王建新，崔佳，刘志强. 坚持民生导向，下大力气缩小城乡、区域、贫富"三个差距" 重庆探索共同富裕（人民观察）[N]. 人民日报，2012-01-09（1）.
② 王建新，于春晖. 坚定不移走共同富裕道路（热点追踪）——"共同富裕与中国特色社会主义道路理论研讨会"综述 [N]. 人民日报，2011-09-05（7）.
③ 王建新，于春晖. 坚定不移走共同富裕道路（热点追踪）——"共同富裕与中国特色社会主义道路理论研讨会"综述 [N]. 人民日报，2011-09-05（7）.

的观念。这一时期《人民日报》积极宣传"全国优秀共产党员""当代雷锋",以及郭明义几十年如一日爱岗敬业、助人为乐、无私奉献的为人民服务精神,通过党报话语体系塑造时代典型。进而强调精神富裕对个人、社会以及共同富裕的重要性。2016年《政府工作报告》提及要借助现代公共文化服务体系去丰富人民的精神生活。2017年《人民日报》刊文《促进人的全面发展、全体人民共同富裕(经济热点,新时代看新发展)——访国务院发展研究中心资源与环境政策研究所副所长李佐军》,其中再次强调实现共同富裕就要满足人的多重需求,其中精神需求包括快乐、情感、安全、尊重、理想等方面。另外,还包括健康、学习、就业等成长需求;生存权、发展权、财产权、平等权等权利需求。[1]

可以说,不论是对物质富裕的话语偏向,还是精神需求、成长需求等多元共同富裕话语的陆续出现,其内在都隐含着时代特征。新世纪以来共同富裕的不同需求间的话语配比不可避免地均与当时政府的政策指向存在必然的关联,因而能为政府的为民形象及以其为基础的共同富裕观的建构创造条件。

(二)政府职能转型与全面共同富裕观的培育

经济发展的效率、公平和可持续性需要创新型国家的推动,基于经济发展的要求,党的十八届三中全会通过的《中共中央关于全面深化改革若干重大问题的决定》指出:"必须切实转变政府职能,深化行政体制改革,创新行政管理方式,增强政府公信力和执行力,建设法治型政府和服务型政府。"转变政府职能是经济转型升级的逻辑反映,是市场经济的本质要求、是中国特色社会主义市场经济的应有之义、是实现

---

[1] 陆娅楠,齐志明. 促进人的全面发展、全体人民共同富裕(经济热点,新时代看新发展)——访国务院发展研究中心资源与环境政策研究所副所长李佐军[N]. 人民日报,2017-11-20 (17).

当前经济加速增长不可或缺的重要推手。① 构建法治型和服务型政府的核心理念是执政为民，党员干部要转变工作理念率先垂范。而共同富裕作为一种能为人们现阶段的工作生活提供动力的理想性目标，又恰巧能为这种执政观念的转型提供有效的话语资源，因此，为党政干部建构符合执政需要的共同富裕理念就成为这一时期媒介"共同富裕"话语的重中之重。

本阶段《人民日报》相关报道中的媒介"共同富裕"话语实质上就是对政府职能转变时期为民服务理念的再宣传。从政府层面出发，这一时期强调政府工作人员要秉持人民至上、公仆为本的理念，勇于担当，有所作为，尽职尽责，为人民的幸福做出更大的贡献。在《"加减乘除"谋发展——九江市庐山区推进共同富裕纪实》一文中强调"群众要致富，关键在干部""在发展中推进共同富裕，是党和政府的应尽职责"②。在具体实践当中开展科级干部和农户结对帮扶，躬身入局，由过去的管理人员转变为今天的服务人员，这也是政府转型期公务人员理念转变的新方向、新境界。在《老百姓共同富裕是我最大的快乐》一文中，社会主义新农村典范、中国第一村华西村的书记更是强调作为村子发展的带头人，老百姓过上幸福的生活，是他最大的快乐。③ 向广大民众、读者展现了政府职能转变期对党政干部一再强调的成全逻辑，主动担当、自觉尽责，为中国的共同富裕道路奉献自我，在成全广大群众的同时凸显自我价值。正如马克思所说："如果我们选择了最能为人类谋福利而劳动的职业，那么，我们就不会被任何重负所压倒，因为这是为全人类所做的牺牲。那时，我们感到的将不是一点点自私而可怜的

---

① 罗国轩. 转变政府职能与经济转型升级 [J]. 学习与实践, 2014 (7): 88-93.
② 陈伟光, 陈先意. "加减乘除"谋发展——九江市庐山区推进共同富裕纪实 [N]. 人民日报, 2004-08-01 (4).
③ 吴仁宝. 老百姓共同富裕是我最大的快乐 [N]. 人民日报, 2004-09-30 (5).

<<< 第四章 主旨回归的"共同富裕"话语：新形势新发展下的传播调试（2002年11月—2020年12月）

欢乐，我们的幸福将属于千百万人。我们的事业并不显赫一时，但将永远存在，而面对我们的骨灰，高尚的人们将洒下热泪。"①

政府职能转型期所强调的以"为人民服务"为核心的共同富裕理念同中国传统文化当中一再推崇的助人为乐的道德奉献观一脉相承。从新中国成立初期的雷锋到21世纪的雷锋传人郭明义，通过榜样的树立与宣传让全体党政干部更自觉地投身为民服务之中，进而提升人民群众的富裕指数，扩大共同范围。本阶段的媒介"共同富裕"话语以说理的形式传播党内的一些先锋模范和典型事迹，并且通过多种修辞对这些话语资源进行表达延伸，从而推动党员干部在具象化的报道中感知共同富裕理念，在他人的奉献中获取感动并同自身形成对比，最终完成自身的共同富裕观塑造。

尽管在政府职能转型期党报媒介"共同富裕"话语多次指向了代表政府层面的党政干部，但同样不能忽视的是这一时期同样较为重要的话语受众——广大人民群众。受新的社会发展环境的影响，广大人民群众的共同富裕观也需与时俱进。首先，上文提到通过党媒借助现实榜样、先锋等的宣传以培育党政干部的共同富裕理念，由此提升政府的为民形象，这样的传播看似没有提及广大人民群众，实则却也在一定程度上影响着民众的思维，而这一附加效果正是在不经意间实现了转型期政府为改善民生，更好地推进共同富裕理念在民众心中的生根。其次，在改革开放初期先后差别共同富裕思想基础之上，本时期的媒介共同富裕话语在富裕的基础之上更多地强调平衡发展，强调共同的回归，强调人的全面发展。当前民众已然接受了共同富裕的差异性特征，但这一时期强调允许有差异，但差异不可过大，控制在一定程度、一定范围内的差

---

① 中共中央马克思恩格斯列宁斯大林著作编译局. 马克思恩格斯全集：第1卷 [M]. 人民出版社，1995：460.

异才是推进共同富裕的正确、健康、常态化之路。另外，这一时期的媒介话语强调共同富裕的推进要顺应社会发展的条件，客观物质层面的内容已经多次提到，如吃、穿、住、行、用等需求，这里更多要论及的是主观精神层面的需求，人自身的快乐、情感、安全、尊重、理想等需求同共同富裕的实现紧密联系。

本阶段的媒介"共同富裕"话语不论是执政为民理念的传播，还是为人民服务思想的宣传，从本质上来说皆是以政府为中心的关于民生的主流意识形态不断强化的外在话语表现形式。在主流意识形态的强化过程中，不断凝聚民众意识，深化民众自身主人翁的地位，推动其切身关心涉及自身的共同富裕的实现路径。从现象上来说通过党报的报道实现了本时期党政干部理念的转变，由管理人民思维转向服务民众思维；将服务型政府有助于推进共同富裕理念传递于人民群众；将共同富裕多种意义内涵铺展开来，提升民众对共同富裕的多元认识。而这一系列的变化对意识形态输出方来说有效帮助党和政府完成了本阶段——政府职能转型期话语层面的政权调适。

（三）传播调适持续深化与文化领导权的巩固

纵观新中国发展史，中国共产党作为中国执政党在应对社会转型期的诸多挑战时，一个重要的核心举措是"政党调适"（Party Adaptation，又译为政党适应性、政权调适）。政党调试作为一个政治学概念，于20世纪80年代凸显于中国共产党内部，即通过渐进的改革，在不动摇现有政治体制的前提下，继续生存和发展的一种变革路径。这一调适的重要组成部分是传播调适，即从话语层面重构传播体系。因此，从传播学角度出发，探讨相关研究发现，诸多学者认为我国的党性媒体在面对来自改革开放所带来的社会变革和市场化发展时也在积极应对，做出适当的调试改变，党媒的这一调试理所应当地构成政党调试的重要组成部分。王登丰指出政党适应能力的一个重要标志是意识形态的适应能力。

对执政党而言，政党调适不仅是体制机制、经济结构的硬实力调适，同样也需要在传播层面重构传播体系，更为重要的是关注作为党的喉舌的主流媒体在新媒体环境下的传播调适。①

当前研究认为，社会历史的动态发展对于具体的调试方法及程度产生了较大的影响，因而探讨传播调试也应采取动态发展的眼光。马克思·韦伯的著作《经济与社会》，在划分政治领导的权威类型和统治模式的时候，提出了三种权威的类型，分别是传统型权威、法理型权威和克里斯玛型权威。依据这一划分从历史发展的角度分析中国共产党的政党调试能够发现，新中国成立初期备受推崇的是克里斯玛型权威，这实际上是一种领袖的魅力统治，正如那个时期广大人民群众对毛泽东同志的追随与崇拜。但伴随社会的发展尤其是改革开放之后，这种克里斯玛型权威开始逐步淡出历史舞台。从20世纪80年代开始，中国共产党的传播调试从结构层面出发要求党媒不仅是中央或政府的"宣传喉舌"，还要兼顾市场舆论。20世纪90年代之后中国共产党的传播调试在内容方面呈现出开放姿态，逐渐从"权威"向有"人情味"方向转变。媒介"共同富裕"话语作为党的话语体系的重要组成部分也在历史调试过程中展现出其自身发展的特性。在改革开放之前"共同富裕"话语更多基于我国的性质和制度笼统地去展开讨论，具有较强的质朴性。在改革开放浪潮下为应对新时期发展政策的调整，这时的"共同富裕"话语强调同国家政策同步，以富裕为基础去谈共同，强调共同富裕推进的次序性，这一时期，以发展为内核，先后差别的不同步特征为共同富裕话语外壳。在政府职能转型的新时期，媒介"共同富裕"话语开始强调巩固加强党对文化的领导权，这一时期媒介"共同富裕"话语在

---

① 王登丰. 新媒体环境下的领导人传播的新范式：基于政党调适理论对"学习小组"微信公众号的研究[EB/OL]. 人民网研究院，2018-01-24.

前两个时段基础上再次进行了进一步的转变调整。

一方面，改革开放带来的快速发展为新时期共同富裕的推进奠定了重要的物质基础，因而到本时期媒介"共同富裕"话语开始强势回归，对人的发展的重视不再局限于个体自身的认知和努力，而且开始强调政府的为民举措。如党媒对于政府职能层面向服务型政府的转变，党政工作人员为民理念的转变，先锋模范、典型事迹等的多重宣传等，这虽然有着较重的宣传逻辑，但也能从中发现当下的发展趋势。通过这一系列的媒介话语，读者——广大人民群众能够更为直接地明确党的执政理念和执政措施，还能从个人发展角度鉴别政府以及党政工作人员的执行程度及有效性，从而更加坚定党带领人民群众走向共同富裕的初心、信心和责任。

另一方面，随着共同富裕的阶段性发展，本时期对共同富裕的讨论再次从富裕层面开始向共同层面跃升，同上一时段相比媒介"共同富裕"话语的接收方不再沉默寡言，而是勇于直面社会问题，敢于向政府提问。从民众的追问中能在一定程度上看到人民和政府关系之间的转变，表明在政府职能转型期的执政者敢于直面民众之问，并展现出解决社会问题的决心与勇气。如从半月无雨苗枯黄，人均日产半斤粮，到治水改土，建成高产稳产的"吨粮田"；从发现贫困地区医疗条件的落后到援建妇幼保健中心和疾病控制中心；从认识贫困地区特征到结合实际开展扶贫开发；从发现城乡差距到大力推进城乡公共服务改革，建立城乡一元化户籍制度和城乡一体的就业、社保体系，促进城乡教育、医疗卫生和文化事业等社会事业均衡发展。媒介"共同富裕"话语中以"提出问题—解决问题"模式取代结果式的直接报道模式，再次证明了共同富裕不是顺其自然就能实现的，这一过程需要来自政府层面的服务与努力。

综上能够看出，进入21世纪以来，媒介"共同富裕"话语继承发

第四章 主旨回归的"共同富裕"话语：新形势新发展下的传播调试（2002年11月—2020年12月）

展了上一时期的话语范式，实现了宣传与新闻并重的报道模式。这样的报道模式推动"共同富裕"话语更好地呈现了政府为人民服务的理念及执政为民的形象，并在话语风格的延续中进一步巩固了党对文化的领导权。

本章小结

自党的十六大召开到中国共产党建党一百周年的18年间，中国人民的生活水平得到显著提高，人民富裕程度也大大提高，总体小康在这一时期得以实现。然而城乡、地区、产业之间的差距以及资源占有不同群体之间的收入差距也在随着社会的发展而逐步拉大，同期出现的还有民众需求日益多样化，社会关系日益复杂化，政府职能转型，等等。基于社会发展的现实情况，这一时期《人民日报》的共同富裕话语在讨论富裕的基础之上，再次强化了对共同的述说。

正是基于这样的发展现实，如何将对这一全新问题的回答融入新形势新发展的建设过程就成为当前阶段"共同富裕"话语建构的核心所在。当前阶段首先在话语文本和话语实践层面讨论了党媒共同富裕话语对于政府形象的塑造。话语文本方面通过"扶贫""脱贫""民生""政策""城乡"等高频词的深入分析能够明确这一时期政府层面的话语偏向，初步描摹政府的为民形象。其次通过同第一时段的词化现象进行对比，表明"重新词化"的话语策略在现阶段对政府和民众关系的重新定义。话语实践方面，分析不同引语的使用率状况，本时段直接引语和间接引语使用率都有所上升，这既是新闻行业发展的需求，同时也是特定背景下报道的需要。其间引语来源中虽以政府工作人员话语较多，但也重视对普通民众的话语引用，在这一互动中强化了人民群众的主人翁地位。社会实践方面突出新形势新发展下"共同富裕"话语与社会的互动，媒介"共同富裕"话语一方面按照民生建设的具体需要来进行话语内容的选择，展现这一时期共同富裕的话语偏向，另一方面又强调在政府职能转型期重点培育党政干部的共同富裕观，增强党政干部的为民服务意识，从而在媒介话语与社会现实的互动中向普通民众传递共同富裕并非应然实现的，需要来自各方的努力，而政府层面的工作主要是民生服务等方面。

总体而言，不论本阶段的媒介"共同富裕"话语同之前几个时段的关注重点存在着怎样的差异，就本质而言其话语都服务于主流意识形态，始终坚持党的全面领导，尤其巩固了党的文化领导权。并且，伴随着社会的发展演进，"共同富裕"话语在深层逻辑方面同"执政为民""为人民服务"等理念深度契合。所以，我们既应看到社会历史环境的变迁为共同富裕观念及其建构策略所带来的改变，同样也不可忽略它对传统共同富裕思想的继承与弘扬——不论是古代先贤的"大道之行也，天下为公"（《礼记·礼运》），管仲的"凡治国之道，必先富民"，孔子的"不患寡而患不均"，孟子的"贤者与民并耕而食"，还是老子的"天之道，损有余以补不足"（《老子》），抑或是"天补均平""吾疾贫富不均，今为汝均之""等贵贱，均贫富""无处不均匀"等理念。在中国古代社会中，民众已经表达出他们对共同富裕的向往与追求。在新中国成立初期，我国更是强调社会主义中国的发展要以共同富裕和普遍繁荣为奋斗目标和努力方向，中国传统思想同社会主义理想实现了再次交融，并在生产力的发展进步中得到了进一步的创新发展，"共同富裕"话语在历史的演进中实现了创新与守旧之间的平衡，既彰显民族风格又兼具时代特色。

第五章

扎实推进的"共同富裕"话语：
以现代化为目标的媒介动员
（2021年1月—2022年11月）

现在，已经到了扎实推动共同富裕的历史阶段。适应我国社会主要矛盾的变化，更好满足人民日益增长的美好生活需要，必须把促进全体人民共同富裕作为为人民谋幸福的着力点，不断夯实党长期执政基础。①

——《人民日报》2021年10月16日第1版

2020年10月，中国共产党第十九届中央委员会第五次全体会议审议通过了《中共中央关于制定国民经济和社会发展第十四个五年规划和二〇三五年远景目标的建议》（以下简称《建议》），《建议》指出未来要在改善人民生活品质，提高社会建设水平中"扎实推动共同富裕，不断增强人民群众获得感、幸福感、安全感，促进人的全面发展和社会全面进步"②。在2021年10月16日出版的第20期《求是》杂志中习近平总书记发表重要文章《扎实推动共同富裕》，其中指出："党

---

① 《求是》杂志发表习近平总书记重要文章 扎实推动共同富裕[N]. 人民日报，2021-10-16（1）.
② 中共中央关于制定国民经济和社会发展第十四个五年规划和二〇三五年远景目标的建议[M]. 北京：人民出版社，2020：32.

的十八大以来，党中央把握发展阶段新变化，把逐步实现全体人民共同富裕摆在更加重要的位置上，推动区域协调发展，采取有力措施保障和改善民生，打赢脱贫攻坚战，全面建成小康社会，为促进共同富裕创造了良好条件。现在，已经到了扎实推动共同富裕的历史阶段。"另外指出："共同富裕是社会主义的本质要求，是中国式现代化的重要特征。"[1] 我们说的"共同富裕是全体人民共同富裕，是人民群众物质生活和精神生活都富裕，不是少数人的富裕，也不是整齐划一的平均主义"[2]。在全面建成小康社会，顺利完成第一个百年奋斗目标之后，现实已经迎来了第二个百年奋斗目标的践行期。在党的二十大报告中，习近平总书记再次强调"中国共产党的中心任务就是团结带领全国各族人民全面建成社会主义现代化强国、实现第二个百年奋斗目标，以中国式现代化全面推进中华民族伟大复兴。"[3] 中国式现代化是全体人民共同富裕的现代化，实现全体人民共同富裕是中国式现代化的本质要求。中共中央层面多次将"中国式现代化"与"共同富裕"紧密联系，放置于同一位置进行讨论，向全社会表达了一种更具时代风格的具有现代化发展特色的"共同富裕"话语。

  前一章详细阐释了自党的十六大召开到中国共产党建党一百周年的18年间，媒介"共同富裕"话语中包括政府以及民众在发展基础之上对于共同层面的追求，同主旨回归的"共同富裕"话语相比，本时期的共同富裕同上一时期有着诸多相似之处，是基于上一时期的程度叠加式的发展，因此，也可以说是扎实推进的"共同富裕"话语脱胎于主

---

[1] 《求是》杂志发表习近平总书记重要文章　扎实推动共同富裕[N]. 人民日报，2021-10-16 (1).
[2] 《求是》杂志发表习近平总书记重要文章　扎实推动共同富裕[N]. 人民日报，2021-10-16 (1).
[3] 高举中国特色社会主义伟大旗帜　为全面建设社会主义现代化国家而团结奋斗：在中国共产党第二十次全国代表大会上的报告[N]. 人民日报，2022-10-26 (1).

<<< 第五章 扎实推进的"共同富裕"话语：以现代化为目标的媒介动员（2021年1月—2022年11月）

旨回归时期的"共同富裕"话语。统计本时段《人民日报》以"共同富裕"为主题的报道，就数量而言共计有124篇，其中部分报道围绕共同富裕理念进行理论、思想层面的探讨，强调共同富裕要实现人的全面发展和全体人民的共同富裕，再次明确了社会主义中国共同富裕的主体对象。从这一时期共同富裕主题报道的内容来看，大致同上一时期相似，强调政府层面在推进共同富裕实践中的有效作为。基于此种因素，为了避免结论的相似性，也为更能凸显本时期的具体特性，下文在分析本时段"共同富裕"话语的过程中将不再使用费尔克拉夫的三维分析框架，而是在分析方法中引入意动叙述作为主导分析理论来探索全面建成小康社会之后的新时期"共同富裕"话语与共同富裕观念如何对中国式现代化的实现进行媒介动员。

一、作为媒介动员方式的"共同富裕"话语

媒介动员这一概念是经由社会动员在理论与实践的发展过程衍变而来。社会动员在20世纪60年代由美国政治学家多伊奇最先提出，在《社会动员与政治发展》一文中，多伊奇从过程角度将社会动员解释为其通过侵蚀旧的社会、经济、文化、心理等，从而开启新的社会格局。在他看来社会动员过程主要存在三种模式，即面对面的交流模式、以传统媒体为中介的交流模式以及以互联网等大众传媒为中介的交流模式。美国政治学家萨缪尔·P·亨廷顿（Samuel P. Huntington）在多伊奇社会动员基础之上从社会功能的角度出发，将社会动员视作转变社会成员态度、价值观念和期望等以符合现代社会发展所拥护的新的共同的价值观念、期望等的过程。另外他还特意强调社会活动包括大众传媒等在社会动员前所具备的重要意义。他对于媒介在社会动员中的作用得到了社会学以及传播学等相关学者的支持，如查尔斯·蒂利（Charles Tilly）在其社会学著作中提到18世纪社会运动刚刚兴起时传统媒体在其中所

发挥的信息传单功能。随着大众媒介的发展，其在社会动员中发挥的作用开始越加突出明显，正如美国社会学家托德·吉特林（Todd Gitlin）指出的对大众媒介的依赖是所有运动面临的一个决定性因素。进入21世纪，依托互联网出现的社交媒体、自媒体等新媒体平台，其对社会运动产生了全新的影响。传播媒介的变革与发展，使其超强的功能优势为社会运动提供了前所未有的机遇。社会动员逐渐向着媒介动员转变，媒介也逐渐从一个"配角"走向了"主角"，成为社会动员的一种重要形式。

从我国的社会动员发展历史来看，我国有着深厚的社会动员传统。从新民主主义革命时期一直到改革开放这一较长时期，我国社会结构分化较为严重，社会动员大多是通过行政权力和政治方式自上而下推行，比如，政府层面展开的对社会层面的动员，抑或是上级单位对下级单位的动员，受权力关系影响，政治色彩较为浓厚。在这一时期社会动员之下所产生的相关运动中能够发现，直接、鲜明、独具时代特色的口号，传单、标语、广播、报纸等在内的媒介动员以极大的煽动力和更强的有效性增强着信息内容的感染性、传播力与渗透力，进而推进社会运动的实践生成，推动社会运动的大范围爆发。改革开放以来，政治、经济、文化等各方面的快速发展推动中国的社会建设进入新时期，在思想解放、技术进步、民主意识觉醒、政府职能转变等多重因素共同作用之下，无产阶级大军被互联网这一新兴媒体动员起来，媒介动员也在技术时代的加持之下被赋予了更加强大的效能。从我国互联网的使用率来看，从2002年至2020年，我国的网民数量急剧增加了近9亿人口，新时期在新兴媒体和传统媒体的共同作用之下信息传递速度和范围达到了前所未有的规模。

因此，在全党全国各族人民持续奋斗之下，全面建成小康社会任务顺利完成，脱贫攻坚战役取得绝对胜利，历史性地解决了绝对贫困问题，在实现了第一个百年奋斗目标之后，中国共产党旗帜鲜明地指出了下一阶段的发展目标，即全面建成社会主义现代化强国，以中国式现代化全面推进中华民族伟大复兴。新征程中"现代化"随着习近平总书记在诸多重要场合、重要讲话中的深入阐发而成为新时代中华民族全体成员的共同奋斗目标时，就必须高度重视媒介动员在现代化发展进程中所能起到的推动性作用。首先，中国式现代化之所以走得通、行得稳，关键在于坚持以人民为中心，把造福人民作为现代化发展的方向。从温饱不足到衣食无忧，从物资匮乏到物阜民丰，人民生活的巨大改善成为中国式现代化成功推进和拓展的鲜活注脚。伴随数字社会的发展，以互联网为代表的现代化媒介为中国式现代化发展中最大限度地动员人民提供了新的媒介路径。其次，信息网络化日益繁荣发展的今天，互联网已经成为人民获取大小信息的重要来源渠道，中共中央层面实干勤劳创新致富的思想理念得益于此潜移默化地向民众渗透。综合而言，当下主流媒体中的"共同富裕"话语背后所呈现的勤劳创新致富的共同富裕观并非强调对民众的意识形态层面的控制，其主要目的是通过以勤劳创新这一具体的实干方法，将中国共产党同人民群众紧密联系起来，把国家的发展和个人的进步、把国家主人翁意识同个体自我意识融合起来，从而完成全民行动、全民参与，实现"中国式现代化"最有力的动员。

二、作为动员分析之理论资源的意动叙述

意动（Conation）从其内涵来看是指主语根据自身的意愿或决定去进行某种动作或行为的过程，最早出现于拉丁文（Conatio），翻译为"意味去做某事"（an act of attempt）或"为完成某事所做的努力"（an endeavoring, effort）。作为术语形式则最早出现于俄国语言学家罗曼·雅克布森（Roman Jakobson）的符号学理论之中，即当符号面向接收方进行表达时便会出现一定的意动性，而接收方也会依据符号表达的内容

做出一定回应，这便是雅克布森提出的"意动"主导功能。另外法国学者邦维尼斯特（Emile Benveniste）的"祈使式"模态、文本意向性以及英国语言学家奥斯丁（John Langshaw Austin）及其学生塞尔 John R. Searle 的言语行为理论也有提及意动相关内容。他们依据话语指向将言语行为分为发话行为（Locutionary Act）、行事行为（Illocutionary Act）和取效行为（Perlocutionary Act）三大类别，其中取效行为指的便是通过某些话语所实施的行为，或讲某些话所导致的行为，它是话语所产生的后果或所引起的变化，它是通过讲某些话所完成的行为。综合而言，意动概念和以言语取效行为二者之间有着极大的相似之处，皆是通过一个未来向度的叙述经过语力指向给予接收方，对接收方产生一定影响，做出相应的行动以达到话语输出方的取效目的。本质上而言，意动性是诸多符号在表达意义过程中与生俱来的一种特性，而当前的文化发展已经进入了普遍意动性的时代。就如同连一些同现实脱钩的影视作品、文学作品、音乐、话剧等都能够通过其主旨核心的表达对人民未来行为产生这样或那样的影响，更不用说汉语中特有的含蓄表达以及语境理解或者最为直接的祈使句等各种话语形式，均能对话语接收方的行为等产生具象的影响，这就是普遍的意动性。

　　本书中，我们主要分析的是意动叙述（Conative Narration），同普遍的意动性相区别，普遍意动性强调语力导向下对人的行为的影响，而意动叙述指的是一种叙述体裁中的意动效果。赵毅衡在其著作《广义叙述学》中对意动叙述进行了深入的阐释。首先，从叙述的定义出发，人类通过符号表意的过程便是广义的叙述。基于叙述和意动的双重认知，赵毅衡从形式出发强调意动叙述典型的四个方面的特点。第一，非虚构性地改变某种经验事实的目标；第二，清楚、绝对的人称关系即"我对你说"；第三，根据事件的重要性程度，用当下的语态形容未来可能的景象，通过营造紧迫感达到对接收方的取效目的；第四，对事件结果不做明确的分析，只做宏观的预期，给予受众决定事件最终走向的能力和方向。另外需要额外提及的一大特点是意动叙述对于媒介的使用没有任何限制，何种媒介均可服务于意动叙述，意动效果不会因媒介的不同而产生根本的差别。由此可见，意动叙述实质上就是"输出方"同"接收方"之间所形成的一种心灵的未来契约。

实际上，意动叙述在"输出方"同"接收方"间形成的未来契约旨在更加自然、不动声色地将现在与未来连接起来。一方面，意动叙述的时间指向是未来，叙述内容是可能发生但尚未发生的事件，但是通过预言、承诺或宣称式表述给原本可能出现于未来的事实赋予了一种"即将到来的""置身其中的"的经验性特征，也就是学术中所称的"拟纪实型叙述"。另一方面，从内容角度看，意动叙述总是以正或反的肯定的方式去论及某一事件，这在接收方看来就形成了一个有关未来的契约，那同样为了契约如期来临、如期兑现，接收方也会自觉地去依据这一事件给予相应的反馈行动。因此意动叙述体裁在连接现在与未来的过程当中包含着极为明显的指向性与引导性目的，"输出方"期待"接收方"能够按其预期采取相应的行为。

意动叙述显然为我们理解2021年以来新出现于《人民日报》的勤劳创新致富型"共同富裕"话语提供了合乎语境、合乎社会发展的理论视角。在实现第一个百年奋斗目标之后，又要乘势而上开启全面建设社会主义现代化国家新征程而进行社会动员的时代背景下，这种新型媒介话语的叙事策略与内容选择就不再单纯服务于新闻信息的传递，它们更应该被合二为一地视作一个意动叙述的构筑过程。其中，有关共同富裕的话语文本通过帮助媒介及其所代表的主流意识形态与受众达成理想化的未来契约，进而促进勤劳创新在整个社会范围内得以付诸实践。

三、媒介动员背景下勤劳创新型"共同富裕"话语的意动性建构

意动叙述中的契约形成前提条件是"输出方"自身具备一定的能力或人品等使得"接收方"愿意、主动去倾听、接受，自觉乐意予以行为反馈。所以意动叙述中的意动原则始终秉持"信则有不信则无"，就如同民间人民在求神拜佛时所坚持的"心诚则灵"原则。《人民日报》作为中国共产党的机关报，代表党的理念、传达党的思想、传播党的声音，这就使得作为"输出方"的《人民日报》能够满足意动叙述中被信任这一前提条件。但仅仅满足前提条件只能为文本意动性建构提供基本的方向和思路，后续要达到深入动员群众的目标，还需要将文本类的新闻报道转化为"接收方"自觉的具体行动，其中必然需要一定的话语策略、话语手段和话语方法，从而增强意动程度，达到动员效果。具体到这一时期的媒介"共同富裕"话语而言，宏观层面首先应该尝试在符合社会语境的前提下，即以全面建设社会主义现代化国家新征程为目标，采取恰当的方式在双方之间缔结对未来共同富裕生活的理解契约，继而通过微观的文本策略与中观的话语实践策略来逐步建构与之相应的话语意动性。

（一）未来契约：借助现实经验构筑未来共同富裕憧憬

意动叙述的一大特征即未来性，而这一未来性又具有实指特征，是通过未来具体的目标促使"接收方"自愿地、主动地回馈相应的行动。通常意义来看，"输出方"在意动叙述之中会对未来目标进行正向、积极层面的描述，并在这一过程中同"接收方"达成对这一目标的理解契约，比如，经常在广告当中用到的"只要……未来就会……"句式，国内在征兵宣传当中用到的"当兵才是真正的男子汉"的话术，美国总统选举当中用到的"一旦竞选成功，就会兑现……"的话语范式，等等。但是细想这一契约就能发现其中漏洞，未来契约只是在语言层面展现出了一定的说服力和力度，并未真正提供可靠的实证来保障预期目

标一定能够实现。因而相应的"接收方"也很难发自内心地形成目标认同，由此基于双方各自皆有所保留未来契约所期待的意动效果也将受到不同程度影响。

总览新中国成立后的媒体风格演变能够发现，尤其是在改革开放之后，思想解放及行业规范化的发展推动我国的新闻行业逐渐由过去的政治宣传属性向行业自身本质回归。翻阅《人民日报》中以"共同富裕"为主题的报道，媒介"共同富裕"话语也随着时代的发展更多地强调聚焦于当前中国社会现实，力图以小见大，体现出微言大义。① 所以在实现第二个百年奋斗目标的发展新征程时期，勤劳创新致富的"共同富裕"话语必然不是单单依靠直白的、常规的、宣传口号式的叙述方式，同"只要勤劳创新，就能实现共同富裕"类表述相区别，本时期的"共同富裕"话语更加追求在现实基础上的客观和真实的新闻性表达。在本阶段的报道样本中，绝大多数的共同富裕描述都不同程度地实现了同事实报道的有机结合。比如："2018年，家在青海省贵德县农村的马小伟高考失利后，进入青海建筑职业技术学院学习电梯工程技术。三年级时，他到西宁市一家企业实习，因为工作踏实又能吃苦，毕业后顺利留了下来。'公司里有五六个校友，大家专业对口，又有校内外导师的联合帮助，发展得都挺好'"②，此报道是从个人层面出发强调勤劳创新对个人富裕的重要性。"近年来，浙江基本解决1191个小城镇脏、乱、差现象，国家级卫生乡镇占比达50%，省级卫生乡镇实现全覆盖……5分钟社区生活圈、15分钟建成区生活圈、30分钟辖区生活圈……浙江推进公共服务均等化，方便百姓生活、幸福社区邻里。2020

---

① 刘晶，陈世华."讲好中国故事"：纪录片的"中国叙事"研究［J］.现代传播（中国传媒大学学报），2017，39（3）：106-109.
② 刘成友，贾丰丰.青海实施职业教育"圆梦行动计划" 技能在手 致富有路（扎实推进共同富裕）［N］.人民日报，2021-11-30（2）.

年以来，浙江的小城镇累计新增等级幼儿园 760 个、卫生院 762 个、实体书店 781 个、邻里中心 681 个，切实提高了群众获得感幸福感安全感"①。此报道是通过现实的数据证明勤劳创新所带来的集体生活水平的显著改善。另外，《人民日报》中提到"湖源乡党委牵头组建了'乐水联盟'党建联盟，做好做强区域化党建，形成行业发展合力，推动民宿、餐饮、山货等产业不断发展。仅今年国庆假期，湖源乡就接待游客约 18 万人次，同比增长了 205%，带来旅游收入 486 万元。富阳区委组织部相关负责人介绍，该区将专门出台指导意见、开展专项行动，进一步加强基层党组织建设，以党建引领各项工作取得实效，把高质量发展建设共同富裕示范区的各项任务落实到位"②。充分展现了勤劳创新对国家发展进步的巨大推动性作用。因此可以说，以"勤劳创新"为显著特征的媒介"共同富裕"话语不再如过去一般只是为了给"共同富裕"这一意义较为模糊的词语注入更具实质性的内涵，而是在借历史憧憬未来，在借过往的经验性事实为论证"共同富裕的未来契约必将通过勤劳创新予以兑现"提供注脚与强有力的论据，并于此过程中最大限度地促进话语"接收方"以勤劳创新的姿态对未来的共同富裕生活采取行动。

（二）话语文本：借助多种特殊句式传达强势意动期待

著名语言学家费尔克拉夫在其话语分析的三维框架中鲜明地指出：在文本层面的话语分析中词汇和语法等扮演重要角色，发挥重要作用。而本阶段采用的意动叙述分析中常用到的祈使句式及对应的情态动词也是紧密联系的，从中能够明确文本的话语指向，进而为话语的"接收方"注入较强的意动性。因而本阶段的话语文本分析主要探究祈使句

---

① 项永丹. 美丽城镇建设助力共同富裕［N］. 人民日报, 2021-12-15 (5).
② 叶城钢, 李潇鹏. 杭州市富阳区强化党建引领 带动共同富裕［N］. 人民日报, 2021-12-15 (5).

和情态动词究竟如何传达意动,从而增强意动效果。

"祈使句"这个术语最早是在黎锦熙的《新著国语文法》中被使用,在其基础之上杨伯峻的《中国文法语文通解》中出现了"祈使"一词,而我们现在所理解运用的"祈使"是吕叔湘在其《中国文法要略》中所确立的定义和范畴。吕叔湘指出祈使就是支配我们行为目的的语气,开创了祈使句研究之先河,为之后的研究所承袭。学者王力在《中国现代语法》中赞同了吕叔湘的观点,并将"祈使语气"定义为"凡表示命令、劝告、请求、告诫者,叫作祈使语气"。情态动词是祈使句中的常用词汇,根据语义可分为认识情态、道义情态和动力情态三种类型,基于本时期关于《人民日报》共同富裕主题报道的分析,道义情态是本时段所主要关注的方向,即强调说话人对命题成真的可能性与必然性的观点与态度。道义情态涉及动作、状态或事件的影响,表达一种指令,如"要""只有""必须"等情态动词依靠其先天的语气特点在实践层面解释了为何勤劳创新型的媒介"共同富裕"话语较少地将这两种语法要素运用到针对广大群众为主的普通受众的意动性传递过程中,而是更多地将受话对象集中于党政干部这一特定群体。

在这一时期《人民日报》中以"共同富裕"为主题的报道中,我们时常能看到诸如"中国共产党百年奋斗的光辉历程表明,只有坚持中国共产党的领导,共同富裕才能逐步成为现实"[①] "要按照党中央、国务院决策部署,深入贯彻实施慈善法,完善和落实激励政策措施,补短板强弱项,积极培育和发展各类慈善组织,鼓励开展扶老助残、恤幼济困、助学助医等公益帮扶活动,助力巩固脱贫攻坚成果,共同兜住筑

---

① 高翔. 如何理解共同富裕自古以来就是中国人民的夙愿 [N]. 人民日报,2021-11-12 (11).

牢民生底线，引导先富带后富、更多关爱回报社会"[1] 和"支持浙江高质量发展建设共同富裕示范区的蓝图已经绘就……要加强组织领导，强化政策保障和改革授权，健全中央统筹、省负总责、市县抓落实的实施机制，建立评价体系和示范推广机制……为实现全体人民共同富裕提供浙江示范"[2] 等充满了命令、强制意味的、以祈使句式呈现的勤劳创新型"共同富裕"话语。其中典型的情态动词"要""只有"等作为话语的修饰成分，进一步表达了话语"输出方"对于当下所推崇的勤劳创新致富在道义层面的可能性或必要性的主观态度。一方面，这一表达体现的是对上一时期执政为民"共同富裕"话语风格的承接延续；另一方面，也说明《人民日报》源于其特殊身份——党中央的官方媒体，其长期以来形成了较为固定的话语风格，并将这一风格呈现在各个时期的报道之中。不论如何去评断或理解，不可否定的是情态动词从词汇层面帮助党媒报道为作为"输出者"的党政干部规定了较为具体的行为路径与方法。

法国著名语言学家埃米尔·本维尼斯特（Émile Benveniste）曾说过祈使语态在言说之前便已经对"输出方"和"接收方"之间的关系进行了确定，所以祈使的生成不可以只基于主谓动词进行简单的判断，还需要关注对"接收方"的唤询，即需要听话者由客体向主体自觉转换。本阶段中的勤劳创新型"共同富裕"话语意图通过祈使句式在作为人民公仆的党政干部身上起到强烈的意动效果，其中较为关键的就是要采取适当的语言策略等将他们从被动的话语接收方转变为意识形态的施动方。上文中的举例说明能够看出，这一时期媒介"共同富裕"话语所

---

[1] 李昌禹. 王勇出席中华慈善奖表彰大会强调　更好助力扶弱济困促进共同富裕[N]. 人民日报，2021-09-06（2）.
[2] 何立峰. 支持浙江高质量发展建设共同富裕示范区　为全国扎实推动共同富裕提供省域范例[N]. 人民日报，2021-06-11（6）.

采取的话语策略中较为显著的表现是将对第二人称代词"你"的使用取而代之以具体的身份名词,比如,"领导干部""党员、干部""党政干部"等。诸如此类的身份指称名词出现于情态动词前,就表明代表这一身份的普通个体正在受到来自主流意识形态的召唤,通过此种语境来唤醒其身份觉醒,自觉服务于勤劳创新型"共同富裕"话语所指向的实践,积极做出行动反馈,由此达到祈使句和情态动词等在意动叙述之中所要传递的强势意动目的。

(三)话语实践:借助互文性激发共同致富的情感共鸣

互文性在写作当中不可或缺,只要是文本,就具有互文性,小说如此,新闻报道如此,一切文本皆如此。① 在费尔克拉夫互文性基础之上,我国学者辛斌提出"具体互文性"的概念,意在强调话语分析过程中要增强对引用来源的关注度,要观察分析引语在话语主体中所构筑的价值体系当中的作用和路径。在"共同富裕"的媒介话语建构及变迁的研究当中,以《人民日报》关于共同富裕主题的报道为分析样本,所以这里重点关注新闻话语当中的引语,比如,直接引语在新闻报道当中的出现就是为了直观地将讲话人的声音传递给读者、听众,由此拉近新闻和民众之间的距离,推动话语内在的意动性,为广大人民群众所接收。

通常意义上,新闻报道在传递信息的过程中存在三种意义,即意图意义、文本意义和解释意义。意图意义和文本意义皆由话语或文本的"输出方"所主导,而解释意义则由话语或文本的"接收方"进行自我解读。所以就可能出现两种结果,一种是"接收方"明确"输出方"的说话内容,"接收方"的解释意义同"输出方"的意图意义、文本意

---

① 汤建民,徐炎章. 学术论文的互文性及思考 [J]. 自然辩证法研究,2006(9):108-112.

义达成一致。另一种则是"接收方"明确"输出方"的说话内容，但会以相反的方式去解读信息，那"接收方"的解释意义便会同"输出方"的意图意义、文本意义相偏差，最终影响话语或文本中的意动性传递。基于此种可能，"输出方"在信息、观念等输出的过程中要尽可能选取最为合适的、恰当的策略以降低双方意义偏差出现的可能，而本阶段媒介"共同富裕"话语就是借助具体互文性来激发群众的情感共鸣以推动意动性的正向输送。

祈使句式当中以党政干部为主体对象，一方面，强调媒介在本阶段对其的意动呈现，而这一部分，立足广大普通群众，借助具体互文性强调媒介如何对普通大众进行动员。就二者关系来看，普通群众同党和政府仿佛是两套体系，但密不可分。并且随着时代的发展进步，民主观念、主人翁意识真正被民众所理解、认同，民众开始越来越重视发挥其主人翁地位及作用。基于这样的社会发展背景，党媒在向民众传递意动性的过程中祈使句及情态动词必然不可取，因而贴近群众的情感性话语策略应势而出，被更多地用于当下的民众动员。在具体新闻内容中通过情感性话语策略唤醒人们发现生活的变化，体会踏实工作与辛勤劳动所带来的充实感和满足感。另一方面，为增强话语的情感性，达成民众的情感共鸣，本阶段更具通俗性与人民性的民众话语也成为引语的重点选择范围。比如，国际社会积极评价中国在高质量发展中促进共同富裕时，比利时财经杂志《走进比利时》总编辑弗朗索瓦·曼森（Francois Manson）用到来自四川山村的少数民族妇女的原话，"父母一辈从未走出过大山，现在生活变好了，大家都有条件出来看看"[1]。在浙江调研采访，常听到这种说法：发挥好政府这只"有形的手"与市场这只

---

[1] 龚鸣,刘慧,叶琦,等.国际社会积极评价中国在高质量发展中促进共同富裕[N].人民日报,2021-09-28(3).

"无形的手"的作用,共同富裕还离不开咱们这双"勤劳的手"。这样的认识,展现了当地干部群众谋发展的决心、信心,也是对坚持人民主体地位的生动诠释。正如织里镇《一针一线》雕塑所寄寓的,持续探索、久久为功,高质量发展、共同富裕的幸福图景,必将在一双双勤劳而灵巧的手中织就。① 新疆皮山县乔达乡阿亚格乔达村的麦提斯迪克·约麦尔通过勤劳创新改变了原来的贫困户身份,他提道:"习近平主席在新年贺词中鼓励我们,朝着共同富裕的目标稳步前行。我相信,只要听党话、跟党走,努力加油干,我们的日子都会更红火。"报道中他的那句"新的一年,我要再承包50亩地,买20多头牛"②,更是让无数听众真切地感受到他对未来生活的美好憧憬,激发着民众勤劳创新、积极生活的动力。具体的、鲜活的、真实的案例通过直接引语的方式得以呈现,话语及文本意义也在交流式的语言风格中以润物细无声的方式融入人民群众的脑中、心中,新闻报道的意动性在民众为未来美好生活而努力中得到正向回馈。

本章小结

对建党一百周年以来的媒介"共同富裕"话语来说,习近平总书记在庆祝中国共产党成立100周年大会上的讲话至关重要,建党100周年之计,我国按期实现了第一个百年奋斗目标,在中华大地上全面建成了小康社会,历史性地解决了绝对贫困问题,正式开启了全面建成社会主义现代化强国的第二个百年奋斗目标新征程。基于社会发展新阶段,

---

① 马国英. 勤劳织就共同富裕图景(现场评论)[N]. 人民日报,2021-08-05(7).
② 李亚楠. 致富带头人麦提斯迪克:朝着共同富裕的目标稳步前行[N]. 人民日报,2021-01-02(2).

共同富裕也迎来了扎实推进的新时期,"勤劳创新""高质量发展"等核心词汇为"共同富裕"话语注入了新的属性、内容,并向全社会推广了一种以之为基础的昂然奋进的共同富裕观。

在全民族向着第二个百年奋斗目标奋进的新征程之中,勤劳创新型"共同富裕"话语在本时期的媒介动员中发挥了不容忽视的重要作用。从意动叙述角度出发,这一时期伴随着新闻行业本质的回归,新闻行业发展越加规范化,新闻报道对经验事实的报道日渐增多,由此在话语"输出方"和"接收方"之间通过意动叙述形成了未来契约。从话语文本的角度出发,本阶段《人民日报》中以"共同富裕"为主题的新闻报道依据党报同不同主体对象之间的关系,有意识地采取了不同种类的意动建构策略,比如,针对党政干部时,代表主流意识形态的党媒则强调通过祈使句式和情态动词唤醒国家公务人员的身份觉醒,使其自觉服务于勤劳创新型"共同富裕"话语所指向的实践,并积极做出行动反馈。而面对广大人民群众时,党媒则强调通过具体的互文性激发民众的情感共鸣,从而利用话语引导人民群众为未来美好生活而勤劳努力奋斗。

这里需要强调的一点是,在本阶段所崛起的勤劳创新型"共同富裕"话语并非产生于这一时期,回溯中国共产党的发展史能够看到,中国共产党历来重视继承、弘扬、发展中华民族的这一优良传统,中华民族的先民们"烁金以为刃,凝土以为器,作车以行陆,作舟以行水",用汗水与智慧开启了灿烂的中华文明。而有关"勤劳创新"的话语资源不仅早在中国共产党成立之初就已被提及,并且在《人民日报》创刊初期就已被征用,在马克思时期更是把劳动比喻为整个社会都在围绕旋转的"太阳",将劳动视作创造价值的唯一源泉。在中国共产党成立一百多年后的今天,中国共产党人及党报话语体系对"勤劳创新"话语资源的再次使用不仅体现了政治话语运作的现实性与延续性,也是党在社会动员中进行价值引导的最好证明。

第六章

结　语

共同富裕是科学社会主义理论的恒定内涵与现实追求，也是化解新时代社会矛盾的历史选择与未来出路。社会主义国家性质与马克思主义指导地位的双重特性决定了"实现共同富裕是中国共产党领导和我国社会主义制度的本质要求"①。长久以来，中国共产党努力奋斗要实现的共同富裕目标是让全体中国人民能够有尊严地生存，有质量地生活，能够将人民对美好生活的憧憬向往变为具体现实。回溯新中国的发展史实质上也是一部共同富裕前进史，是共同富裕从简单的民族愿望日渐成为具有实质性国家战略的演变史。从传播学角度切入，利用具体的《人民日报》关于共同富裕主题报道样本进行分析研究，在媒介"共同富裕"话语的变迁历史实践演进中厘清共同富裕的发展理路及成因，进而不断增强中国人民在共同富裕道路中稳步前行、扎实推进的自信、勇气与决心。

一、"共同富裕"话语内涵的变迁

共同富裕是中国人民的孜孜追求，是马克思主义所设想的未来社会

---

① 习近平. 在全国劳动模范和先进工作者表彰大会上的讲话 [M]. 北京：人民出版社，2020：8.

的重要特征。人民群众对共同富裕的追求贯穿人类文明发展史的演变全过程。中国古代社会中的"大同"思想、"小康"思想、"以民为本"思想以及同公平正义相关的"等贵贱、均贫富"思想等深刻影响着中国人民对共同富裕的理解与认知。近代以来,俄国十月革命一声炮响,给中国送来了马克思主义。马克思主义关于社会主义的学说在实践中的成功,也将过去中国人民头脑中的空想共同富裕变为科学,变为在现实生活中能够实现的目标。经此思想碰撞之后出现的"共同富裕—实践"新思维框架给予了处于战争状态的中国人民鼓舞与信心,也从此推动了中国共产党对共同富裕的全新认识,将"实现人民的共同富裕"视为社会主义发展的诉求与价值理念追求。

中华人民共和国成立之后,虽然实现了政权的统一,但是局部的战争以及意识形态领域的斗争仍旧是新中国亟待解决的重要问题。为了实现真正意义上的统一与发展,为了在全社会牢牢掌握意识形态领域的主导权与话语权,以《人民日报》为代表的官方党性媒体不仅将以苏联为代表的社会主义阵营国家包装成理想富裕的天堂,而且在共同富裕报道中频繁运用"我们"作为复数的第一人称代词,促进读者将"我们走上了共同富裕的道路""社会主义社会是要大家共同富裕,人人幸福"的媒介话语内化于心,从而潜移默化、坚定不移地相信、信任社会主义制度以及新生政权,促使他们产生发自内心的、不容置疑的认同感与归属感。正是在这一媒介话语策略的引导之下,人民群众对党的执政能力与社会主义制度的信心在这一时期达到了高峰。然而事物的发展总是一体两面,这一时期党媒报道中对"共同富裕"和"社会主义""社会主义制度"的相提并论给当时受教育程度相对较低的广大群众带来了认识层面的较大误区,误以为共同富裕轻轻松松便可实现。因此在20世纪50年代之后,作为中共中央机关报的《人民日报》将劳动、生产等词汇加入媒介"共同富裕"话语之中,强调任何时期的共同富裕都需要踏实劳动、各尽所能。正如毛泽东同志所言："社会主义制度的建立给我们开辟了一条到达理想境界的道路，而理想境界的实现还要靠我们的辛勤劳动。"[①] 从早期的共同富裕和社会主义直接挂钩，到之后强调辛勤劳动致富，现实实践在其间发挥了重要作用。

十一届三中全会之后，改革开放的大幕在中华大地正式拉开，中国历史翻开了新的篇章。这一时期媒介共同富裕话语强调依据社会发展的具体实际表达符合中国国情的共同富裕策略，推动媒介"共同富裕"话语乘风而起实现对平均主义的修正，在这一时期的媒介共同富裕讨论中也指明了党中央的共同富裕实践方式和意识形态导向。从过去通俗质朴的"共同富裕"话语过渡为新时期先后差别的"共同富裕"话语，解放和发展社会生产力由此成为本阶段共同富裕话语的核心内容。改革的新空气给中国社会带来的新气象推动了媒介"共同富裕"话语中的新风景，具体而言，在物质层面，强调通过发展生产力改善人民群众的生活条件，推动整个社会的快速发展，并且还提到精神富足、生态良好、社会和谐等也是共同富裕的重要内容。在共同富裕的实践途径层面，这一时期充分认识到共同富裕的不同步性与差异性，尤为强调发展对于共同富裕的重要意义，各项政策的相继出台也一再表明共同富裕要以富裕为基础，社会主义是富裕不是贫穷，贫穷不是社会主义。在意识层面，共同富裕不仅仅限定于政治、意识形态、国家等宏大方向的讨论，思想解放和个人主体意识的觉醒为以"雇工之争"为代表的"人的价值"等问题的思考创造了条件，由此开始从实际出发强调关注个体民众的自我发展。同改革开放前的共同富裕话语相比较，这一时期的共同富裕话语更具有倾向性。

进入21世纪之后，尤其是自党的十六大召开到中国共产党成立

---

① 中共中央文献研究室. 毛泽东文集：第7卷 [M]. 北京：人民出版社，1999：238.

100周年的18年间，面对新的境遇，中国迎来新的发展期。这一时期如何在政府职能转型期有效地解决地区、行业、群体发展差距等突出的现实问题，将其融入社会主义建设过程就成为当前阶段"共同富裕"话语建构的核心所在，"共同"应然在本阶段实现了主旨回归。本阶段关于共同富裕相关主题的报道通过"扶贫""脱贫""民生""政策""城乡"等高频词的使用进一步明确这一时期政府层面的话语偏向；从而描摹政府的为民形象。另外，社会实践方面突出新形势新发展下"共同富裕"话语与社会的互动，媒介"共同富裕"话语一方面按照民生建设的具体需要来进行话语内容的选择，展现这一时期共同富裕的话语偏向，另一方面又强调在政府职能转型期重点培育党政干部共同富裕观，增强党政干部的为民服务意识，从而在媒介话语与社会现实的互动中向普通民众传递共同富裕观，这并非应然实现的，需要来自各方的努力，而政府层面的工作主要是民生服务等方面。总体而言，伴随着社会的发展演进，本阶段的媒介"共同富裕"话语在继承上一时段话语内涵的同时也在深层逻辑方面同"执政为民""为人民服务"等理念深度契合，表明其对于实现人民共同富裕的重要意义。但同时也需要深刻认识到作为党媒的"共同富裕"话语始终服务于主流意识形态，始终坚持党的全面领导，其话语的表达与传播旨在巩固党的文化领导权。

  在全面建成社会主义现代化强国的第二个百年奋斗目标的新征程中，共同富裕也迎来了扎实推进的新时期。这一时期中国共产党在"为人民谋幸福，为民族谋复兴"的初心使命践行之中一再强调要在"勤劳创新""高质量发展"中实现共同富裕，既要提升人民富裕程度又要扩大共同范围。同时党和政府在民族复兴以及现代化建设进程中也尤为强调必须紧紧依靠人民，需要人民群众的实干与奋斗。基于此，这一时期的媒介"共同富裕"话语强调要对广大的人民群众进行社会动员，引导其将自身发展同中华民族伟大复兴以及社会主义现代化的发展紧紧联系在一起,从而在成就自我中为创造伟大时代贡献自身的力量。从社会动员角度出发,这一时期的《人民日报》中以共同富裕为核心的相关报道,积极呈现给民众与"勤劳创新"等紧密相关的话语资源,一方面通过具体新闻内容唤醒人们发现生活的变化,体会踏实工作与辛勤劳动所带来的充实感和满足感;另一方面,借此激发广大人民群众的情感共鸣,从而利用话语引导人民群众为未来美好生活而勤劳努力奋斗。"共同富裕"就此取得了与民众紧密联系的"勤劳创新致富"的同构性。

总体而言,媒介话语中的"共同富裕"从新中国成立之后算起,大致经历了四个阶段的发展历程。新中国成立初期面临社会主义制度的确立与巩固,一直到改革开放之前,共同富裕话语的一大突出特点即通俗质朴,共同富裕认识同社会主义认知紧密联系。在改革开放之后的24年里,整个社会对共同富裕的理解与认识发生了巨大的变化,区域非均衡发展战略首先在部分地区生根发芽,"先富"政策取得了举世瞩目的巨大成就。同时这一时期媒介当出面进行积极的正面引导,强调共同富裕的发展具有阶段性特征,先富只是手段、途径和方法,共富才是最终目的。党的十六大召开至建党百年18年间,逐渐富裕起来的中国各种新的问题、矛盾日益生发、凸显出来,其中发展不平衡问题更是成为阻碍社会主义中国前进的重要障碍,因此这一时期共同富裕核心内容在富裕基础上实现了共同的回归。在实现全面建成社会主义现代化强国的第二个百年奋斗目标的新征程中,更要在全面小康基础之上,以现代化发展为目标,鼓励人民群众勤劳创新,扎实推进共同富裕的高质量发展。需要额外说明的是文内对于共同富裕的阶段划分并非绝对,比如,在新中国成立初期提到的共同富裕需要民众的辛勤劳动,而到实现第二个百年奋斗目标新征程时依然能看到中央层面在积极鼓励民众勤劳创新致富,提倡幸福生活都是奋斗出来的,共同富裕要靠勤劳智慧来创造。

但是从研究视角出发，通过具体的、不同时期的样本分析以及归纳总结对于我们从全局出发、整体全面地理解把握共同富裕话语共性具有重要的意义，从中也能推动我们更加直观形象地感知在社会历史的发展演进之中，话语如何在"人"的因素影响之下进行变迁与流转。

二、"共同富裕"话语的建构策略

将语言视作一种社会现象，那话语便是语言当中影响最强的内核之一。一般意义上，我们认为话语来源于社会生活，在不同的语境当中表达着不同的概念，承担着不同的意义，既反映社会发展过程又体现社会发展结果。费尔克拉夫三维模式的话语分析通过话语文本、话语实践和社会实践三个层面的分析推动话语研究不再唯话语论，不再单单关注某一言论或行为是否属于话语范畴的问题，而实现了话语同社会生活相联系，同意识形态以及权力关系相挂钩。这样的话语分析将话语属性同社会属性相结合，从而能够借助话语观察到动态的社会现实，解释社会关系和社会身份的建构，最终通过这一视角揭示话语变化与社会变迁的关系，乃至其背后隐藏的各种原因和联系。因此，在搜集新闻样本的基础之上运用费尔克拉夫的三向度话语分析方法既能帮助笔者揭开复杂、多样的语言形式面纱背后"共同富裕"的真实意涵，同时也能更加客观、直接地为读者呈现媒介"共同富裕"话语在不同时期的建构策略特征。

中华人民共和国成立初期，我国结束了100多年来中华民族受帝国主义侵略压迫的历史。经历长时间的冲突与战争，各行各业受到极大的打击和摧残，教育系统更是几近瘫痪。据统计，当时国民文盲率高达80%，在国民文化素质整体偏低的情况下如何宣传党的思想、方针政策等成为社会主义意识形态传播亟待解决的重大问题。为了巩固新生政权，作为中共中央机关报的《人民日报》开始应需而变，采取"通俗化"的话语策略来对"共同富裕"话语进行建构以帮助民众更好地理解与接受社会主义新政权，接受由此带来的新思想、新观念以及新的生活方式。在前文的分析当中，我们发现这一时期的媒介"共同富裕"话语，首先采取复数人称代词"我们"来拉近中共中央同人民的关系；其次，在话语表述的过程当中积极使用了民众所熟悉的动物隐喻从而实现意义迁移，借助日常生活中熟悉的事务帮助民众更好地理解党媒所宣传的观点；再次，党媒的通俗化策略还表现在这一时期的引语内容和引语来源之中，引语选取了较多普通民众的话语，并且选取的内容也是极为贴近民众生活的内容；最后，通过"会话式"体裁为民众营造出社会主义社会人人平等的社会新景象，从而使民众在不经意间自觉依据高频词所清晰描述的内容去理解社会主义，积极参与社会主义实践。不难看出，这一时期党媒对于"共同富裕"话语表达所呈现的通俗化特征以及新闻性弱化特点伴随着强烈鲜明的时代特性，旨在满足新中国成立初期社会主义中国意识形态的宣传需要。

　　改革开放之后中国迎来了快速发展的新时期，不论是政治、经济还是文化等各方面均实现了较大突破。所以这一时期的媒介"共同富裕"话语逐渐脱离新中国成立初期的较为"通俗化"的话语形态，开始探索符合时代发展、顺应民众要求的新的话语表达。过去由于广大民众文化素质相对较低，通俗化的话语策略既能帮助民众理解新政权，又能帮助意识形态在更大范围内被传播与被理解。改革开放之后的政策调整给意识形态传播的与时俱进带来了新的课题，新的社会背景之下如何能够将中央的政策方针更好地传递给民众，党媒的话语如何能被已获得一定程度思想解放的民众所接受，等等，是这一时期媒介"共同富裕"话语策略转变需要关注的重点问题。面对新时期的政策导向以及新的社会环境，"共同富裕"话语开始在此背景之下顺势而变，应运而生，更加客观、具体且专业化的新闻话语开始在话语实践层面贯彻推行。一方面，本阶段中央层面推行实施的沿海地区率先发展的非均衡发展战略推动着共同富裕新认识、新解读的传播，因为在宏观政治政策的具体施行过程中，党政干部扮演着重要角色，发挥着主导作用，因此本阶段引语来源的侧重点由民众转为党政干部，并且公共话语也开始涌入党媒的相关报道之中，推动宣传体系更加客观高效且更具可信度。另一方面，这一时期个体私营经济的发展壮大为个体的人的主体性回归奠定物质基础，由此带来了媒介"共同富裕"话语的主体回归与范式转换。表现为意识形态层面的"共同富裕"政治宣传逐渐减弱，而符合新闻规律与属性的报道应运而生，消息、通讯等典型新闻体裁逐渐取代会话式体裁成为党媒报道的主流。改革开放势头下所呈现的更具现实意义与发展前景的共同富裕内涵与重视新闻专业属性回归的话语报道策略，既代表着共同富裕与时俱进的发展要求，也体现着话语表达方式创新变革下对于主流意识形态的传播需要。

进入 21 世纪，中国的发展迈上了新台阶，但同时面临的问题与挑战也越加繁多与严峻。因而这一时期面对社会发展中存在于人民群众内心的"共同富裕是否能够实现"的疑惑，政府以及中央层面开始着力在话语实践层面采取适当策略积极塑造、巩固自身的为民形象，增强民众对于政府的信任与理解。首先，在语言表达之中借助"扶贫""脱贫""民生""政策"类词汇的使用明确政府层面的话语偏向，为在民众心中树立起为人民服务的政府形象奠定基础。其次，通过"重新词化"的话语策略，运用"职责""引导""带领""应该""责任"来表达政府工作进而正面影响读者心中对政府形象的判断与认知，人民则通过"满意度上升""对……表示愿意"具有层次感的评价性表达呈现对政府的满意程度。党媒借助"重新词话"策略逐步削减政府和人民的距离感、疏离感，表达政府以"人民为中心，为人民服务"的执政理念。最后，在话语实践方面，直接引语和间接引语的使用率都有所上升，这既是新闻行业发展的需求，也是特定背景下报道的需要。其间引语来源中虽以政府工作人员话语较多，但其中也重视对普通民众的话语引用，在这一互动中强化了人民群众的主人翁地位。社会实践方面突出新形势新发展下"共同富裕"话语与社会的互动，媒介"共同富裕"话语一方面按照民生建设的具体需要来进行话语内容的选择，展现这一时期共同富裕的话语偏向，另一方面又强调在政府职能转型期重点培育党政干部共同富裕观，增强党政干部的为民服务意识，从而在媒介话语与社会现实的互动中向普通民众传递共同富裕并非应然实现的，需要来自各方的努力，而政府层面的工作主要是在民生服务等方面。与社会主义制度的巩固和建立期更加关注"如何通过通俗化策略让群众听懂"相比，"共同富裕"话语在之后两个时期更强调如何通过客观、规范的新闻报道来实现"如何让群众相信"，这一改变所呈现的就是话语策略的与时俱进。

当然，共同富裕的实现无法只依靠政府层面的力量完成，共同富裕作为全体中华儿女的共同理想与期待，必然需要每一个公民的积极参与，所以在全面建成社会主义现代化强国的第二个百年奋斗目标新征程中要最大可能、最大程度地去动员每一个中国人民。2021年以后的媒介"共同富裕"话语以实现现代化强国为目标，在内容层面再次强调"勤劳创新"这一共同富裕主题，并以"意动性"策略在以下三方面进行了贯彻实施。第一，随着新闻行业的规范化发展，新闻报道中对于经验事实的报道日渐增多，由此在话语"输出方"和"接收方"之间通过意动叙述形成了具有较强可信度的未来契约。第二，针对党政干部，代表主流意识形态的《人民日报》强调通过祈使句式和情态动词唤醒国家公务人员的身份觉醒，使其自觉服务于勤劳创新型"共同富裕"话语所指向的实践，并积极做出行动反馈。第三，面对广大人民群众，《人民日报》则强调通过具体的互文性激发民众的情感共鸣，从而利用话语引导普通人民群众按照话语所规定的方向来理解勤劳创新与共同富裕之间的关联，推动民众为未来的美好生活而勤劳努力奋斗。需要额外解释说明的是，这时期所采取的"意动性"策略并非是对上一时期话语策略的取而代之，而是为了避免出现话语分析结果的同质化而选择从行为层面出发，分析这一时期以现代化为目标的"共同富裕"话语，进而督促民众为未来而努力。

  总体来看，从中华人民共和国成立到2022年的70多年时间里，媒介"共同富裕"话语的建构策略经历了从新中国成立到改革开放时期的"通俗化"建构策略、改革开放至全面建成小康社会的"规范化"建构策略，以及全面建成社会主义现代化强国的第二个百年奋斗目标新征程以来的"意动性"建构策略三个大的发展阶段。从话语建构策略的变化中能够看出，在由"通俗化"策略转向"规范化"策略的进程之中，影响话语传播策略转变的变量因素为话语内容与话语接收方。首先，从内容出发，这两个时期对于意识形态内容的传播经历了从政治化向生活化的过渡，尤其是在改革开放之前由于巩固新政权的政治需要，社会主义制度的确立与巩固，等等，意识形态传播的政治色彩尤为浓厚。改革开放之后中国社会进入稳定发展期，党和国家的工作重心由阶级斗争转移到经济建设，以及后期伴随着社会主义精神文明建设的开展，主流意识形态传播开始挣脱政治束缚走向普通生活。其次，从读者即接收方的角度来看，教育事业经过几十年的发展，人民大众的文化素质得到了极大的提升。比如，1949年新中国成立之初，全国5.4亿人口中约有80%不识字，只有3000多万名小学在校生，100多万名中学在校生，10多万名大学在校生，大中小学在校生规模类似"倒图钉形"。世纪之交，中国教育的"倒图钉形"逐渐成为"金字塔形"。在2018年近14亿人口中，全国小学、初中、高中、大学的在校生，分别为10339万人、4653万人、3935万人、3833万人，已经呈现"正梯形"。同年，全国小学学龄儿童净入学率为99.95%，初中阶段、高中阶段、高等教育的毛入学率分别为 100.9%、88.8%、48.1%，学前教育毛入园率 81.7%，这些指标已达同期中上收入国家的平均水平。①

另外在扎实推进共同富裕的新时期，以建设社会主义现代化强国为目标衍生出动员国人的意动性，这既体现了社会主义发展道路中政府以及人民对于共同富裕的执着追求，也体现出党中央官方媒体在发挥调试未来憧憬与具体现实功能的与时俱进，执着努力。调试未来憧憬与具体现实功能中帮助民众实现认知平衡，构建意动效果，推进媒介动员，引领人民大众把对未来共同富裕生活的憧憬，转化为当下的具体的奋斗实践，用奋斗实践连接现在与未来。

三、中国推动共同富裕的使命必然

立足全球，不论是社会主义国家还是资本主义国家，对于共同富裕的共识性认识主要是让人民过上富裕的生活。从这一角度出发，推进共同富裕，寻求效率和公平的平衡点，调节贫富差距，缓解社会矛盾，促进长久发展已然成为全球各个国家共同面临的重大现实挑战。中国特色共同富裕能够超越挑战、越过鸿沟的必然性就在于以人民为中心的初心使命，现代化发展道路的选择以及社会主义发展的历史趋势的共同作用。

（一）初心使命的决定性

"共同富裕是全体人民共同富裕"②，其中全民富裕为主要特征，受众主体为人民群众。人民性根植于共同富裕全流程，以全民为中心轴展

---

① 张力. 新中国 70 年教育事业的辉煌历程 [J]. 云南教育（视界时政版），2019 (10).

② 顾仲阳，常钦，黄超，等. 继续扎实推进全体人民共同富裕 [N]. 人民日报，2022-10-16 (7).

开。首先，共同富裕目标的提出目的在于实现全民富裕；其次，人民作为生动、活跃的社会生命体，既是财富的生产者与创造者，也是生产关系的变革者，共同富裕的推进过程必然需要全民参与其中；最后，共同富裕的最终结果要经得起全民的共同检验，要求全民共享其中的成果。共同富裕归结起来就是一个"人"字，终归是要为人的发展而服务。中国共产党始终坚持为民谋福、为民谋利、促民发展的人民立场，人民是党的初心使命的核心，为人民谋幸福、谋利益、促发展的过程本质上也是共同富裕的推进过程。不同于资本主义国家强调社会的发展，中国共产党更加关注人的发展，将社会主体人的发展置于社会发展的中心位置。礼节荣辱观念以丰衣足食为基础，生活总是在生存之后予以讨论，生存问题是人发展中面临的第一要素，因而解决人民贫困问题是党实现初心使命的必要前提。幸福生活从摆脱贫困开始，民族复兴从全面小康起步。中国共产党带领人民群众不断在脱贫致富道路上踔厉奋发、勇毅前行，始终从人民群众角度出发，解决人民生活的切实问题。思人民所思，念人民所忧，干人民所盼，谋人民所需，始终坚持心想人民，情系人民，利为人民。脱贫攻坚的胜利再一次向人民宣誓了党一心为民的初心，而在脱贫攻坚胜利之后开展的共同富裕并非单纯对脱贫的逻辑延续，而是接续人的全面发展主线进行的更深层次的制度调整与战略重置，更是党一心为民的现实传承。人民性是中国共产党治国理政的根本主线，也是国家战略方针贯彻实行的根本所在，是中国特色共同富裕必然能够推行以及实现的重要保障。

(二) 道路方向的确定性

方向指引日后道路，道路决定未来命运。对国家、民族而言，方向、道路的选择关系着国运兴衰、民族兴亡以及人民生活。道路的选择事关国之根本，牵动国之全局，正确的道路反映民族梦想，体现人民共同追求，具有强大的感召力与凝聚力，是国家发展的生命所在。历史发展的洪流向人民诉说着，只有选择了正确的道路才不辜负路途中各种艰辛坎坷，只有坚持不懈地沿着正确的方向一往无前，坚定"路虽远，行则将至"（《荀子·修身》）的理想信念，方能推动中国发展行稳致远。2021年，十九届六中全会明确坚持中国道路，是中国共产党百年奋斗的历史经验之一，[①] 百年来的奋斗历程用实践的方式向中国人民乃至世界证实了中国道路的可行性与正确性。何为中国道路？中国道路同共同富裕又有何关联？中国道路之中蕴含着对共同富裕怎样的理解与追求？沿着历史发展的足迹，能够发现中国道路的确定历经险阻，中国人民经历了寻路、探路、认路到最后有路的多重阶段，终于找到了适合自己的中国道路。这里的中国道路实质上就是在中国所坚持走的社会主义之路，是一条由中国人民在历史实践中摸索出来的在中国行得通、行得远的且高效、合理、正确、富有生命力的发展之路，是一条变一穷二白东方大国为繁荣兴盛东方强国的蜕变之路，是带领中国走向进步，人民走向幸福，民族走向复兴的康庄之路，更是带领中国走向现代化的中国式现代化道路。在中国道路的前进中实现共同富裕，共同富裕是中国道路灵魂所在。在对中国道路的界定中认识共同富裕，一方面，中国道路的社会主义性质要求共同富裕实现；另一方面，"中国式现代化是全体人民共同富裕的现代化"[②]，中国的现代化发展之路必然推动共同富裕实现。共同富裕作为中国道路的特有产物，从一定程度上来说，毫不动摇地坚持走中国道路决定了中国推动共同富裕以及走向共同富裕的确定性。

---

① 中共中央关于党的百年奋斗重大成就和历史经验的决议（2021年11月11日中国共产党第十九届中央委员会第六次全体会议通过）[N]. 人民日报，2021-11-17（1）.
② 谢环驰. 习近平在看望参加政协会议的民建工商联界委员时强调　正确引导民营经济健康发展高质量发展　王沪宁蔡奇丁薛祥参加看望和讨论 [N]. 人民日报，2023-03-07（1）.

（三）历史发展的必然性

着眼于社会历史发展进程，人们将原始社会以及封建社会时期未能实现共同富裕的原因主要归结为落后的生产力水平。进入资本主义社会，面对生产力的高速发展，发达国家猜想高效率的社会生产一定可以减少贫困现象，甚至有望实现共同富裕。然而事与愿违，贫困现象并没有因为生产力水平的提高而消失，甚至贫困问题越加严重。生产力大发展确实产生了巨额财富，但财富仅掌握于少数人手中，穷人不仅没能实现富足，反而与富人之间的差距开始多倍数扩大，真正的财富鸿沟开始出现。社会进步不仅没能消灭贫困，甚至带来了更加严重的贫富差距。究其根本，这一现象出现的原因主要在于资本家非健康、非良性、非可持续的资本积累模式。正如资本主义经济危机出现的原因，这时期的贫困产生的主要原因并非社会财富短缺，而是由于社会财富的不平等占有。导致社会财富占有悬殊的原因一方面是资本家为使自身资本在生产中增值而对工人周而复始地剥削和压榨。另一方面是资本家在全社会范围内鼓吹消费主义，推动社会人员尤其是被压迫阶级为其所生产的商品买单，从而在商品到资本的跳跃中实现资本的积累。由此两个方面的原因构成了资本主义内部的自我崩溃，同时也伴随出现了贫富的极端分化现象。资本主义所带的社会生产力确实推动了整个世界的飞速发展，但是其自身的内部矛盾也为其生产力的发展带上了锁链与镣铐。历史中已经实现了的生产力大发展用行动预言了未来生产方式社会化发展的必然趋势，生产方式确定基础下生产力的持续发展，结果必然只能是分解资本家手中的生产资料，实现生产资料与生产成果的公有和共享，即走向社会主义道路。生产资料所有制在随社会历史发展进程的变迁、进化中不断地发生着演化，简单说来主要是由公有制到私有制再到公有制的演进过程，即公—私—公的发展逻辑。由于生产资料决定其产品的最终分配，处于社会主义初级阶段的中国，公有制主体地位决定生产资料由绝大多数人掌握的前提之下，必然也由绝大多数人共享最终的产品及成果。因此在走社会主义道路的中国，共同富裕的实现符合社会主义中国发展战略的目标要求，是历史前进道路中的必然结果。

参考文献

一、著作

[1] 邓小平. 邓小平文选：第2卷 [M]. 北京：人民出版社，1994.

[2] 胡春阳. 话语分析：传播研究的新路径 [M]. 上海：上海人民出版社，2007.

[3] 胡锦涛. 胡锦涛文选：第2卷 [M]. 北京：人民出版社，2016.

[4] 胡欣. 新闻写作学：第4版 [M]. 武汉：武汉大学出版社，2012.

[5] 江泽民. 江泽民文选：第3卷 [M]. 北京：人民出版社，2006.

[6] 罗平汉，何蓬. 中华人民共和国史 1956—1965 [M]. 北京：人民出版社，2010.

[7] 毛泽东. 毛泽东选集：第1卷 [M]. 北京：人民出版社，1991.

[8] 毛泽东. 毛泽东选集：第3卷 [M]. 北京：人民出版社，1991.

[9] 宋振华. 马克思恩格斯和语言学 [M]. 长春：吉林人民出版社，2002.

[10] 王刚. 马克思主义中国化的起源语境研究：20世纪30年代前马克思主义在中国的传播及中国化 [M]. 北京：人民出版社，2011.

[11] 习近平. 高举中国特色社会主义伟大旗帜 为全面建设社会主

义现代化国家而团结奋斗：在中国共产党第二十次全国代表大会上的报告［M］．北京：人民出版社，2022．

［12］习近平．决胜全面建成小康社会　夺取新时代中国特色社会主义伟大胜利：在中国共产党第十九次全国代表大会上的报告［M］．北京：人民出版社，2017．

［13］习近平．习近平谈治国理政：第1卷［M］．北京：外文出版社，2014．

［14］习近平．习近平谈治国理政：第2卷［M］．北京：外文出版社，2017．

［15］习近平．习近平谈治国理政：第3卷［M］．北京：外文出版社，2020．

［16］习近平．习近平谈治国理政：第4卷［M］．北京：外文出版社，2022．

［17］习近平．在庆祝中国共产党成立100周年大会上的讲话［M］．北京：人民出版社，2021．

［18］中共中央党史和文献研究院．习近平关于总体国家安全观论述摘编［M］．北京：中央文献出版社，2018．

［19］中共中央关于党的百年奋斗重大成就和历史经验的决议［M］．北京：人民出版社，2021．

［20］中共中央马克思恩格斯列宁斯大林著作编译局．马克思恩格斯全集：第1卷［M］．北京：人民出版社，1995．

［21］中共中央马克思恩格斯列宁斯大林著作编译局．马克思恩格斯全集：第21卷［M］．北京：人民出版社，2003．

［22］中共中央马克思恩格斯列宁斯大林著作编译局．马克思恩格斯全集：第26卷［M］．北京：人民出版社，2014．

［23］中共中央马克思恩格斯列宁斯大林著作编译局．马克思恩格

斯全集：第30卷［M］.北京：人民出版社，1995.

［24］中共中央马克思恩格斯列宁斯大林著作编译局.马克思恩格斯文集：第1卷［M］.北京：人民出版社，2009.

［25］中共中央马克思恩格斯列宁斯大林著作编译局.马克思恩格斯文集：第2卷［M］.北京：人民出版社，2009.

［26］中共中央马克思恩格斯列宁斯大林著作编译局.马克思恩格斯文集：第5卷［M］.北京：人民出版社，2009.

［27］中共中央马克思恩格斯列宁斯大林著作编译局.马克思恩格斯文集：第7卷［M］.北京：人民出版社，2009.

［28］中共中央马克思恩格斯列宁斯大林著作编译局.马克思恩格斯文集：第8卷［M］.北京：人民出版社，2009.

［29］中共中央马克思恩格斯列宁斯大林著作编译局.马克思恩格斯文集：第9卷［M］.北京：人民出版社，2009.

［30］中共中央马克思恩格斯列宁斯大林著作编译局.马克思恩格斯选集：第1卷［M］.北京：人民出版社，2012.

［31］中共中央宣传部.习近平总书记系列重要讲话读本［M］.北京：学习出版社，人民出版社，2016.

［32］中国国际扶贫中心.外国人眼中的中国扶贫［M］.北京：外文出版社，2019.

［33］《总体国家安全观干部读本》编委会.总体国家安全观干部读本［M］.北京：人民出版社，2016.

二、译著

［1］巴赫金.巴赫金全集：第2卷［M］.钱中文，译.石家庄：河北教育出版社，2009.

［2］巴赫金.巴赫金全集：第5卷［M］.钱中文，译.石家庄：

河北教育出版社，2009.

[3] 福柯. 知识考古学 [M]. 董树宝，译. 北京：生活·读书·新知三联书店，2021.

[4] 吉尔平. 国际关系政治经济学 [M]. 杨宇光，译. 上海：上海人民出版社，2006.

[5] 莱斯. 满足的限度 [M]. 李永学，译. 北京：商务印书馆，2016.

[6] 马尔库塞. 单向度的人 [M]. 张峰，吕世平，译. 重庆：重庆出版社，1988.

[7] 斯特兰奇. 国家与市场 [M]. 杨宇光，译. 上海：上海人民出版社，2012.

三、期刊

[1] 陈金龙. 邓小平与中国改革话语的建构 [J]. 马克思主义与现实，2014（5）.

[2] 陈曙光. 中国话语与话语中国 [J]. 教学与研究，2015（10）.

[3] 杜志章. 新时代"共同富裕"的新语境和新要求 [J]. 湖北大学学报（哲学社会科学版），49（3）.

[4] 贺东航. 中国共产党改革话语的形成与演变：国家转型与发展的中国经验 [J]. 马克思主义与现实，2018（5）.

[5] 胡国胜. 中国共产党"改革开放"概念的历史演变与话语建构 [J]. 中共党史研究，2019（3）.

[6] 施旭. 文化话语视角下的中、美、俄国家安全观 [J]. 上海交通大学学报（哲学社会科学版），2022，30（6）.

[7] 苏继文，赵秀凤，赵丹丹. 论中国共产党青年理想信念教育的媒介话语：基于1949—2022年《人民日报》五四社论 [J]. 浙江工业大学学报（社会科学版），2023，22（1）.

[8] 王慧娟. 中国共产党现代化话语体系百年建构的历程、逻辑与启示 [J]. 理论导刊, 2022 (1).

[9] 王金, 孙迎联. 中国共产党共同富裕话语的历史嬗变、逻辑证成与时代观照 [J]. 北方民族大学学报, 2023 (2).

[10] 王永贵, 刘泰来. 打造中国特色的对外话语体系: 学习习近平关于构建中国特色对外话语体系的重要论述 [J]. 马克思主义研究, 2015 (11).

[11] 肖贵清, 李永进. 习近平治国理政思想与中国特色社会主义话语体系建构 [J]. 马克思主义理论学科研究, 2017, 3 (1).

[12] 张驰. 新时代精神生活共同富裕的新语境和新要求 [J]. 马克思主义理论学科研究, 2023, 9 (1).

[13] 赵丹丹, 宋瑞亚. 共同富裕思想源流脉络探究 [J]. 大庆社会科学, 2023 (1).

[14] 赵丹丹, 赵秀凤. 产业数字化赋能共同富裕: 理论机制与实证分析 [J]. 江汉论坛, 2024 (2).

[15] 赵丹丹, 赵秀凤. 新时代共同富裕的马克思分配正义向度 [J]. 浙江理工大学学报 (社会科学版), 2023, 50 (1).

[16] 赵丹丹, 赵秀凤. 新时代共同富裕话语生成的理论逻辑、历史逻辑与现实逻辑 [J]. 重庆理工大学学报 (社会科学), 2022, 36 (12).

[17] 赵绪生, 孙进宝. 论新时代党建话语体系建设 [J]. 中共中央党校 (国家行政学院) 学报, 2020, 24 (5).

[18] 赵志朋. 共同富裕的时代语境、话语体系及理论进阶 [J]. 湖南师范大学社会科学学报, 2024, 53 (1).

四、报纸

[1] 本报评论部. 既要"富口袋"也要"富脑袋": 在高质量发展中促进共同富裕 [N]. 人民日报, 2021-10-13 (3).

[2] 本报评论部. 坚持以人民为中心的发展思想: 让我们的制度更加成熟更加定型 [N]. 人民日报, 2019-11-20 (5).

[3] 共同富裕路上 一个不能掉队 [N]. 人民日报, 2017-10-27 (9).

[4] 王建新, 于春晖. 坚定不移走共同富裕道路 [N]. 人民日报, 2011-09-05 (7).

[5] 习近平. 关于《中共中央关于制定国民经济和社会发展第十四个五年规划和二〇三五年远景目标的建议》的说明 [N]. 人民日报, 2020-11-04 (2).

[6] 习近平. 在二〇二三年春节团拜会上的讲话 [N]. 人民日报, 2023-01-21 (1).

[7] 习近平. 在复兴之路上坚定前行 [N]. 人民日报, 2022-09-27 (1).

[8] 习近平. 在纪念马克思诞辰200周年大会上的讲话 [N]. 人民日报, 2018-05-05 (2).

[9] 习近平. 在纪念辛亥革命110周年大会上的讲话 [N]. 人民日报, 2021-10-10 (2).

[10] 习近平. 在决战决胜脱贫攻坚座谈会上的讲话 [N]. 人民日报, 2020-03-07 (2).

[11] 习近平. 在庆祝中国共产党成立100周年大会上的讲话 [N]. 人民日报, 2021-07-02 (2).

[12] 习近平. 在全国脱贫攻坚总结表彰大会上的讲话 [N]. 人民

日报，2021-02-26（2）.

［13］在高质量发展中促进共同富裕 统筹做好重大金融风险防范化解工作［N］. 人民日报，2021-08-18（1）.

［14］曾培炎. 在邓小平生平和思想研讨会开幕式上的发言［N］. 人民日报，2004-08-26.

［15］中共中央国务院关于支持浙江高质量发展建设共同富裕示范区的意见［N］. 人民日报，2021-06-11（1）.

［16］中华人民共和国国务院新闻办公室. 中国的全面小康［N］. 人民日报，2021-09-29（10）.

五、英文文献

［1］COTTON M，RATTLE I，VAN ALSTINE J. Shale Gas Policy in the United Kingdom：An Argumentative Discourse Analysis［J］. Energy Policy，2014，73.

［2］FISCHHENDLER I，KATZ D. The Use of "Security" Jargon in Sustainable Development Discourse：Evidence from UN Commission on Sustainable Development［J］. International Environmental Agreements：Polilics，Law and Economics，2013，13（3）.

［3］KAPRANOV O. Conceptual Metaphors in Ukrainian Prime Ministers' Discourse Involving Renewables［J］. Topics in Linguistics，2015，16（1）.

［4］KRIPPENDORFF K. Content Analysis：An Introduction to Its Methodology：2nd ed［M］. London：Sage Publication，2004.

［5］NEUENDORF K A. The Content Analysis Guidebook［M］. Thousand Oaks，CA：Sage，2002.

［6］PALMER F R. Mood and Modality：2nd ed. ［M］. Cambridge：Cambridge University Press，2001.

附录　研究样本概览清单

序号	标题	版次
1	中国人民政治协商会议全国委员会　庆祝中华人民共和国成立四周年的口号	1953年9月25日第1版
2	山西沁县农业生产合作运动发展的条件	1953年11月22日第3版
3	实行总路线要发展互助合作	1953年11月30日第3版
4	既要做好粮食收购工作　又要达到农业增产的目的	1953年12月2日第1版
5	共产党是农民的引路人　向农民宣传总路线	1953年12月2日第3版
6	走社会主义的路	1953年12月2日第3版
7	旧打算和新计划	1953年12月5日第2版
8	介绍沁县泰安等地紧密结合生产　做好购粮工作的经验	1953年12月6日第2版
9	中央人民政府文化部　关于开展春节农村文艺活动向农民宣传总路线的指示	1953年12月10日第3版
10	社会主义的路是农民共同富裕的路	1953年12月12日第3版
11	中南、西南和华东各地　广泛向农民宣传国家总路线　有效地推动了农村各项工作的开展	1953年12月15日第3版
12	山西定襄周能玉农业生产合作社　帮助贫困社员克服了生产和生活困难	1953年12月24日第2版
13	全国农村普遍宣传总路线　推动了互助合作运动和生产、购粮工作	1954年1月4日第1版

续表

序号	标题	版次
14	对待农民应坚持说服教育的方针	1954年1月5日第1版
15	中国共产党中央委员会关于发展农业生产合作社的决议	1954年1月9日第1版
16	陈家庄农业生产合作社带领困难户走上了共同富裕的道路	1954年1月13日第2版
17	走两条道路的两种结果	1954年1月14日第2版
18	具体地宣传农业生产合作社的优越性	1954年1月14日第3版
19	积极领导，稳步前进，争取实现今年发展农业生产合作社的计划	1954年1月16日第1版
20	自留的土地大大减少	1954年1月19日第2版
21	踊跃购买经济建设公债	1954年1月31日第1版
22	山西新建六千农业合作社　新建立的社正在处理社员入社的具体问题	1954年2月10日第1版
23	新洲县刘六乡是怎样结束购粮工作迅速转入生产的	1954年2月11日第2版
24	用光辉的榜样吸引广大农民走互助合作道路	1954年2月24日第3版
25	鼓舞山区群众走社会主义的路	1954年2月26日第3版
26	受到农民欢迎的太平鼓队	1954年3月1日第3版
27	农业集体化是苏联农民幸福生活的源泉	1954年3月4日第3版
28	什么是农业生产合作社	1954年3月19日第2版
29	农业生产合作社有些什么好处	1954年3月20日第2版
30	怎样建立农业生产合作社	1954年3月21日第2版
31	深入宣传工农联盟的思想	1954年3月29日第3版
32	贵州省是怎样向少数民族宣传总路线的	1954年4月17日第3版
33	当农村发生巨大变化的时候	1954年4月19日第2版
34	怎样巩固农业生产合作社	1954年5月11日第2版
35	陈家庄农业生产合作社的政治思想工作	1954年5月18日第3版

续表

序号	标题	版次
36	中南区积极巩固新建的农业生产合作社	1954年5月20日第2版
37	焦家庄农业生产合作社的成长	1954年5月21日第2版
38	农民们热烈欢迎宪法草案	1954年6月21日第2版
39	福建省惠安县崇武半岛 渔民欢迎宪法草案	1954年6月29日第2版
40	不再是"穷棒子"村了	1954年7月5日第2版
41	宪法草案日益深入人心——本报记者综合报道宪法草案公布一个月的情况	1954年7月16日第2版
42	充分发挥农村妇女在互助合作运动中的作用	1954年7月31日第1版
43	中华全国民主妇女联合会 关于当前农村妇女工作的指示	1954年7月31日第3版
44	算一算社员们今年能不能增加收入	1954年8月10日第2版
45	全国棉花生产迅速恢复发展 基本上能供应工业和民用的需要	1954年9月10日第1版
46	党组织的政治工作保证了北徐屯农业生产合作社的巩固和扩大	1954年11月5日第3版
47	农业生产合作社的公共财产从哪里来	1955年1月3日第2版
48	究竟沿着什么道路前进	1955年1月12日第2版
49	关于"依靠贫农"的几个问题	1955年1月30日第6版
50	"不能光看着自己的脚尖走路"——记江西湖口县莲花农业生产合作社吸收新社员	1955年3月17日第2版
51	按照贫农中农两利的原则解决投资问题	1955年4月28日第2版
52	官堡农业合作社加强了贫农中农的团结	1955年7月4日第2版
53	在第一届全国人民代表大会第二次会议上的发言（之三）	1955年7月26日第6版
54	在第一届全国人民代表大会第二次会议上的发言（之一）	1955年7月31日第3版
55	在第一届全国人民代表大会第二次会议上的发言（之二）	1955年7月31日第5版

续表

序号	标题	版次
56	龙胜县各族联合自治区在成长中	1955年8月8日第3版
57	棉丰农业合作社怎样解决社员经营农业同手工业的矛盾	1955年8月21日第2版
58	中国青年为实现第一个五年计划而斗争的任务——中国新民主主义青年团中央委员会向全国青年社会主义建设积极分子大会的报告	1955年9月21日第2版
59	在胜利前进中的农业合作化运动	1955年9月27日第2版
60	湖北省三个县农业合作化运动的调查	1955年10月14日第2版
61	关于农业合作化问题	1955年10月17日第1版
62	农业合作化运动在闽侯县下洋乡	1955年10月19日第2版
63	我们走上了共同富裕的道路	1955年10月24日第2版
64	平顺县合作化运动的新形势和新任务	1955年10月27日第2版
65	中国新民主主义青年团第二届中央委员会第四次全体会议 关于动员和组织广大农村青年迎接农业合作化高潮的决议	1955年11月1日第1版
66	农业生产合作社示范章程草案	1955年11月11日第2版
67	集体农庄是幸福的靠山	1955年11月13日第6版
68	全国工商联执委会会议告全国工商界书	1955年11月22日第1版
69	恩格斯论农业合作化——纪念恩格斯诞生一百三十五周年	1955年11月28日第3版
70	公平合理地评定入社土地的产量	1955年12月3日第1版
71	处理社员的生产资料必须经过充分协商	1955年12月7日第1版
72	办农业生产合作社的根本原则	1955年12月21日第2版
73	向农民讲解农业生产合作社示范章程草案 劳动农民都应该争取做一个好社员	1955年12月22日第2版
74	办社必须依靠贫农和下中农	1955年12月27日第3版
75	向农民讲解农业生产合作社示范章程草案 社内生活是进步的有文化的幸福生活	1955年12月30日第2版

续表

序号	标题	版次
76	经常关心孤寡户	1956年1月10日第2版
77	在北京市各界庆祝社会主义改造胜利联欢大会上　北京市市长彭真的讲话	1956年1月16日第2版
78	全国妇联指示各级妇联　加强农业合作化运动中的妇女工作	1956年1月18日第3版
79	关怀社外农民的生产	1956年1月23日第3版
80	按照社会主义原则解决并社中的问题	1956年2月3日第3版
81	在中国人民政治协商会议第二届全国委员会第二次全体会议上的发言　程潜的发言	1956年2月5日第5版
82	在中国人民政治协商会议第二届全国委员会第二次全体会议上的发言　孙蔚如的发言	1956年2月8日第6版
83	在中国人民政治协商会议第二届全国委员会第二次全体会议上的发言　达浦生的发言	1956年2月10日第5版
84	他拉山的民族联合社	1956年2月13日第2版
85	全国工商界青年积极分子大会　致毛主席的保证书	1956年3月1日第1版
86	在首都各界妇女纪念"三八"国际妇女节大会上的讲话	1956年3月9日第3版
87	具体地领导山区建设	1956年3月15日第3版
88	跟着祖国前进，为社会主义贡献力量——1956年3月29日在全国工商业者家属和女工商业者代表会议上的报告	1956年3月30日第2版
89	全国工商业者家属和女工商业者代表会议　告全国工商界姊妹书	1956年4月9日第3版
90	农业合作化的情况和今后的工作任务　邓子恢在全国先进生产者代表会议上讲话	1956年5月8日第2版
91	在第一届全国人民代表大会第三次会议上的发言　国务院副总理兼第七办公室主任邓子恢的发言	1956年6月20日第2版

续表

序号	标题	版次
92	在第一届全国人民代表大会第三次会议上的发言 三点感想——马兴泰代表的发言	1956年6月28日第2版
93	在第一届全国人民代表大会第三次会议上的发言 怒江地区的情况——裴阿欠代表的发言	1956年6月30日第3版
94	不能让剥削行为借尸还魂	1956年7月12日第3版
95	关心社外农民	1956年7月24日第3版
96	在中国共产党第八次全国代表大会上 创办民族联合农业社的几点经验 李铣同志的发言	1956年9月20日第5版
97	在中国共产党第八次全国代表大会上 在社会主义基础上进一步巩固工农联盟 国务院副总理、中共中央农村工作部部长 邓子恢同志的发言	1956年9月23日第4版
98	"同舟共济"	1956年10月25日第3版
99	南王庄农业社里的二十七个知识青年	1957年2月14日第3版
100	用集体主义教育农民	1957年2月22日第1版
101	近几年内要使社员生活达到富裕中农水平 江西省委书记号召以最大力量和决心组织一个广泛的增产运动	1957年2月28日第3版
102	在政协第二届全国委员会第三次全体会议上的发言 合作化制度在河南省的巨大优越性 刘鸿文的发言	1957年3月10日第4版
103	关于农业合作化和农业生产问题 陈正人的发言在政协第二届全国委员会第三次全体会议上的发言	1957年3月15日第3版
104	在政协第二届全国委员会第三次全体会议上的发言 巩固成绩纠正缺点 把农业社办得更好 苗春亭说，这是贵州省农民的要求	1957年3月24日第11版
105	关于我国农民收入情况和生活水平的初步研究	1957年5月5日第3版
106	在第一届全国人民代表大会第四次会议上的发言 我所见的共产党的一个普通农村支部	1957年7月10日第3版

续表

序号	标题	版次
107	谁是农民利益的代表者？7月6日《湖北日报》社论	1957年7月11日第4版
108	在第一届全国人民代表大会第四次会议上的发言　更大地发挥广大妇女在建设社会主义中的作用　章蕴的发言	1957年7月15日第6版
109	中共中央关于向全体农村人口进行一次大规模的社会主义教育的指示	1957年8月10日第1版
110	云南人代会上一场激辩　右派分子被驳得大败亏输　龚自知秦凤翔马伯安等挑拨党和各族人民关系的谬论彻底破产	1957年8月31日第2版
111	他受到社员的赞扬	1957年9月1日第4版
112	两条道路走哪一条？	1957年9月3日第4版
113	襄阳芝麻大面积丰收　创造了全国的先进范例	1957年9月10日第5版
114	召开个体农民代表会议的收获	1957年9月19日第4版
115	伟大的变革	1957年9月29日第5版
116	两年里的变化——大众社的生产怎样赶过了富裕中农的水平	1957年10月17日第4版
117	田野上的论战	1957年10月23日第2版
118	一九五六年到一九六七年全国农业发展纲要（修正草案）（之一）	1957年10月26日第1版
119	发扬英雄气概全心全力发展农业生产　邓子恢同志在山东省社会主义农业积极分子代表会议上的讲话	1957年11月11日第4版
120	驳倒左老印——农村大辩论速写	1957年11月21日第2版
121	富裕中农和社会主义——在湖北黄冈县刘介梅所在农业社所作的调查	1957年11月28日第2版
122	一课深刻的社会主义教育	1957年12月7日第2版
123	从一个展览会看农村两条道路的斗争	1957年12月7日第4版

续表

序号	标题	版次
124	动员一切积极因素，为进一步发展生产、巩固和提高手工业合作组织而奋斗！白如冰在中华全国手工业合作社第一次社员代表大会上的报告摘要	1957年12月17日第3版
125	刘介梅今昔生活对比展览会深刻地教育了观众	1957年12月23日第2版
126	赵渡乡在整改中抓紧检查 纠正忽视秋收分配工作偏向	1957年12月27日第2版
127	有信心有把握实现千斤省 区梦觉代表介绍广东发展农业生产情况	1958年2月6日第2版
128	"只跟人家赛种田，不跟人家比过年" 湖北农民准备勤俭过春节	1958年2月14日第5版
129	规模更大 内容更广 劲头更足 速度更快 质量更高 山东战胜特大灾害 进入农业生产高潮 李澄之代表的发言	1958年2月14日第10版
130	加速社会主义建设 进一步改善人民生活 让我国一亿个家庭都做到克勤克俭 杨之华代表的发言	1958年2月18日第9版
131	1957年主要油料作物全国平均产量和高额产量	1958年4月19日第2版
132	访小麦丰产县——谷城	1958年6月16日第2版
133	高举保卫和平、友好团结的旗帜前进！——关于国际民主妇联第四次代表大会的成就	1958年7月16日第5版
134	辽宁省并大社的经验	1958年9月2日第4版
135	共产主义制度的萌芽 河南农村实行口粮供给加工资制 人民幸福生活的保证	1958年9月29日第3版
136	用共产主义思想武装群众	1958年10月15日第7版
137	论吃饭不要钱	1958年10月24日第8版
138	用共产主义观点看分配制度 各地讨论资产阶级法权问题	1958年11月3日第7版
139	万春社事事讲共产主义 人人热爱集体 个个关心生产	1958年11月6日第3版

续表

序号	标题	版次
140	共产主义教育遍城乡 浙江组织宣传大军普遍展开宣传	1958年11月14日第7版
141	旭光人民公社的一场斗争	1958年11月18日第6版
142	看事实 讲道理 谈远景 鼓干劲——江苏句容黄梅人民公社大同大队开展共产主义教育的初步经验	1958年11月19日第6版
143	山歌一唱乐洋洋 幸福公社一个欢乐的假日	1958年12月2日第3版
144	工农关系的新发展	1959年1月8日第7版
145	农村福利事业的新阶段	1959年1月16日第7版
146	共同富裕的必由之路 报刊文摘	1959年4月10日第7版
147	废除封建农奴制 走上合作化大道 阿坝藏族人民建设美好家园	1959年5月27日第7版
148	从"滚很召"到"波海米纳"——记一个傣族村寨民主改革前后云南少数民族社会历史调查组调查	1959年6月14日第5版
149	上升——红光公社见闻杂记之二	1959年7月10日第3版
150	实行民主改革 发展农业生产 阿坝藏族人民生活蒸蒸日上	1959年7月19日第5版
151	在社会主义大道上飞跃前进	1959年7月19日第5版
152	幸福的根子	1959年9月14日第6版
153	穷队赶富队 灾区赶丰产区 落后赶先进 山西农村"三赶"生产竞赛运动蓬蓬勃勃	1959年10月8日第4版
154	中国农业的社会主义改造	1959年10月18日第6版
155	公社引导农民走向共同富裕	1959年11月5日第4版
156	人人竞赛 队队竞赛 社社竞赛 阳高"红勤巧"运动有新发展 百多个管理区由穷变富 几十个灾区增加收入	1959年11月12日第4版
157	在李顺达的公社里	1959年11月18日第8版

续表

序号	标题	版次
158	晋中随笔	1959年11月28日第8版
159	山乡牧业展翅飞 山西五寨宋家沟人民公社的一年	1959年12月15日第7版
160	穷队变富队 公社万家春 上海甘肃广东一批原来比较贫困的生产队经济水平显著提高	1960年1月3日第4版
161	发奋图强由穷变富	1960年1月23日第4版
162	落后地区也能高速度发展生产	1960年1月28日第3版
163	大兴多种经营 开展赶先进运动 晋北改变贫困面貌	1960年1月28日第3版
164	江西"三帮"运动促进"三赶"运动 发扬共产主义风格 富队帮穷队 平原帮山区 高产帮低产 不断革命力争上游 穷队赶富队 山区赶平原 低产赶高产	1960年3月21日第1版
165	再接再厉迅速改变穷队的经济面貌	1960年3月29日第7版
166	马楼今昔 苏殿选代表谈公社化给马楼人民带来的幸福	1960年4月11日第15版
167	一九五六年到一九六七年全国农业发展纲要(中华人民共和国第二届全国人民代表大会第二次会议于一九六〇年四月十日通过)	1960年4月12日第2版
168	在列宁的旗帜下把工农联盟推向更高的发展阶段——纪念列宁诞生九十周年	1960年4月26日第7版
169	长篇小说创作的新收获——读柳青的《创业史》第一部	1960年7月19日第7版
170	帮助穷区扎富根——老模范吴春安、马芳庭把别人的困难当自己的困难	1960年7月25日第2版
171	土堆大 草堆大 粪堆就大 城厢公社开展"三大堆"积肥运动 窑头公社实行责任制春播需肥及早落实	1960年11月28日第2版
172	努力反映农村生活中的新事物——谈李准短篇小说的几个特点	1960年11月30日第7版

续表

序号	标题	版次
173	工农联盟是中国革命和建设胜利的保证	1961年7月20日第7版
174	勤劳正直的生产队长黄尚友	1962年2月4日第2版
175	农业在国民经济中的地位和作用	1962年8月28日第5版
176	陵城公社东郭大队集体经济的调查（之一）	1962年9月28日第1版
177	陵城公社东郭大队集体经济的调查（之二）	1962年9月28日第2版
178	生气勃勃的农村图画——谈浩然近年来的短篇小说	1962年10月28日第5版
179	积极地有步骤地实现我国的农业技术改革（社论）	1962年11月9日第1版
180	发展农业生产的必由之路 党的八届十中全会公报学习札记	1962年11月11日第5版
181	我国社会主义建设时期的城乡关系	1962年11月11日第5版
182	美国小农经济的贫困和破产	1962年11月27日第5版
183	阳关道上	1962年12月1日第2版
184	必由之路（本报评论）	1962年12月1日第2版
185	帮的艺术（国内短评）	1962年12月18日第1版
186	西藏一村庄的巨变	1963年1月6日第2版
187	进一步加强工农联盟（社论）	1963年1月25日第1版
188	羊井底的建设规划和实践	1963年2月15日第2版
189	泥土的芳香——评吉学霈的短篇小说创作	1963年3月17日第5版
190	用社会主义思想武装农民	1963年3月20日第2版
191	扶王山下的动人故事	1963年4月23日第2版
192	西藏翻身农民辛勤春播争取第五个好年成	1963年4月24日第2版
193	为了忠实地反映党的政策	1963年5月26日第5版
194	艰苦奋斗 勤俭建国	1963年6月27日第5版
195	翻身奴隶的创业史	1963年9月15日第2版

续表

序号	标题	版次
196	帮助发展生产 关心群众生活 维护群众利益 西藏新疆云南驻军同少数民族亲如家人	1963年10月14日第2版
197	发展农村集体副业是巩固集体经济的一件大事（社论）	1963年11月14日第1版
198	光辉的路程——为五公公社集体化二十周年而作	1963年11月26日第2版
199	帮的认真，学的劲大——记虎头山下两个生产大队	1963年12月4日第5版
200	集体主义思想的光辉	1963年12月9日第2版
201	中国——革命诗歌的源泉——访一位古巴诗人	1963年12月15日第3版
202	为农民兄弟演现代戏	1963年12月15日第5版
203	人民公社光芒万丈——介绍一束反映人民公社的纪录影片	1964年1月18日第5版
204	理论工作者要到工农群众中去	1964年1月25日第5版
205	"改天换地"十年间——记雁门关外藏寨大队人民改造自然的斗争	1964年1月29日第5版
206	在洪水面前	1964年2月11日第2版
207	人民公社在前进——广东农村人民公社五年经验的基本总结	1964年2月28日第5版
208	通往解放的道路——重读《组织起来》	1964年3月9日第5版
209	哲里木盟农牧业结合的十大优越性	1964年3月15日第2版
210	欧阳海烈士的父亲欧阳恒文教育子女一心为公 备受群众赞扬	1964年3月20日第2版
211	梅龙山下"活龙王"	1964年4月16日第5版
212	陕西农村一面红旗 徐杨公社思想政治工作促进粮棉丰产	1964年4月20日第5版
213	杨谈大队为什么能在大面积土地上连年获得高产？以政治为先导带动管理技术科学化	1964年4月25日第1版

续表

序号	标题	版次
214	南疆维吾尔族基层干部大批成长	1964年5月23日第2版
215	高举毛泽东思想的红旗培养革命接班人	1964年7月4日第5版
216	依靠贫下中农战胜贫穷（国内短评）	1964年7月28日第1版
217	熊岳公社党委抓紧将社会主义革命进行到底的重大问题 用革命精神教育富裕队继续前进	1964年10月27日第1版
218	一定要依靠贫农下中农	1964年11月2日第5版
219	我是这样教育儿子的	1964年11月5日第6版
220	运用一分为二的武器，变低产为高产	1964年11月10日第5版
221	五亿农民沿着社会主义道路前进的指南针——纪念毛泽东同志《关于农业合作化问题》发表十周年	1965年8月2日第2版
222	当革命的闯将还是做无所作为的庸人	1965年8月21日第5版
223	多种经营改变了陶家岔的面貌	1965年8月23日第5版
224	农奴制度彻底摧毁 百万农奴彻底解放 西藏人民革命取得伟大胜利 一个长期停滞不前，政治、经济、文化十分落后的旧西藏，已经变成一个生气勃勃、日新月异、飞速前进的新西藏	1965年9月1日第2版
225	我要永远革命	1965年9月6日第5版
226	革命赞歌	1965年9月12日第6版
227	万人齐唱革命歌——第二届全运会大型团体操《革命赞歌》的诞生记	1965年9月13日第3版
228	把日常工作同革命的远大目标联系起来——论为革命做生意，为革命办财贸	1965年9月26日第1版
229	为革命办农村金融的一面红旗——山东省苍山县涧村信用社主任李金玉访问记	1965年9月26日第2版
230	高举毛泽东思想伟大红旗建设革命的新新疆	1965年9月30日第5版
231	让大寨精神遍地开花结果——山西农村开展学大寨运动的初步总结	1965年10月5日第5版

续表

序号	标题	版次
232	十转山上绿化人	1965年10月15日第3版
233	改得好！	1965年10月21日第6版
234	老少同心	1965年10月30日第6版
235	东升创业记——记福建连江县东升渔业大队走出内江闯大海的事迹	1965年11月29日第3版
236	《海瑞罢官》代表一种什么社会思潮？	1965年12月29日第7版
237	他教育俺们坚持走毛主席指出的道路	1966年2月23日第2版
238	大寨妇女在革命化道路上前进 大寨大队党支部副书记、妇代会主任宋立英的讲话摘要	1966年3月4日第2版
239	毛泽东思想统帅一切 突出政治的生动一课 陈永贵谈大寨大队在劳动管理中坚持社会主义方向的经验	1966年3月22日第1版
240	斗垮吴晗的反动的资产阶级思想	1966年4月19日第5版
241	反映农垦、渔业战线高举毛泽东思想伟大红旗坚持社会主义方向的成就 全国农业展览馆国营农场馆、水产馆开馆展出	1966年5月6日第4版
242	用毛泽东思想武装起来的大寨党支部	1966年5月22日第1版
243	珠江三角洲广大贫农下中农和农村干部 用铁的事实回击"三家村"黑帮的污蔑	1966年5月31日第2版
244	鼓吹资本主义复辟的《两家人》	1966年8月5日第4版
245	毛泽东思想威力无穷——广东省博罗县黄山洞农民在革命化的道路上奋勇前进	1966年8月27日第2版
246	贫下中农和红卫兵心连心	1966年8月30日第2版
247	欢迎为工农兵服务的芭蕾舞	1967年4月25日第4版
248	集体化的道路我们走定了	1967年5月5日第3版
249	不许往贫下中农脸上抹黑	1967年7月9日第6版
250	坚决保卫毛主席的无产阶级革命路线	1967年8月4日第2版
251	雇工自由就是剥削自由	1967年9月1日第4版

续表

序号	标题	版次
252	"三自一包"就是复辟资本主义	1967年9月5日第4版
253	发展富农经济就是在农村复辟资本主义——金星大队贫下中农狠批中国赫鲁晓夫的反动谬论	1967年10月18日第4版
254	我们贫下中农坚决把中国赫鲁晓夫批倒批臭——江苏太仓县洪经大队贫下中农大批判的部分发言	1967年11月21日第4版
255	中国农村两条道路的斗争	1967年11月23日第1版
256	中国赫鲁晓夫是贫农下中农的死对头	1967年11月24日第2版
257	集体化是苗族贫下中农的幸福路	1968年3月26日第4版
258	我们恨死了吃人的剥削制度	1968年5月5日第4版
259	中国赫鲁晓夫要调动什么积极性？	1968年5月12日第5版
260	不准雇工剥削制度借尸还魂	1968年5月12日第5版
261	肃清修正主义流毒　自力更生发展生产	1968年7月13日第2版
262	听毛主席的话就是胜利	1968年8月5日第3版
263	村红寨红人更红	1968年8月29日第4版
264	斩断中国赫鲁晓夫的魔爪，在人民公社大道上迅跑——河北省广宗县北小东大队贫下中农社员畅谈"人民公社好"！	1968年9月4日第6版
265	两条道路，两般景况	1968年10月10日第4版
266	狠抓两条路线斗争　改革不合理的管理制度	1968年11月24日第3版
267	两条路线在我们大队的五次大斗争	1968年12月9日第1版
268	饶阳县五公大队贫下中农在庆祝组织起来二十五周年时激动地说：毛主席的革命路线指引我们从胜利走向胜利	1968年12月14日第3版
269	单干给我死路　集体化给我生路	1968年12月14日第5版
270	绝不能让封建农奴制度卷土重来	1969年1月16日第4版
271	老龙滩上怒火烧	1969年1月29日第3版

续表

序号	标题	版次
272	突出政治　搞好春耕　琼海县大路公社今年春耕生产进度快,质量好	1969年2月15日第2版
273	紧跟毛主席在社会主义大道上奋勇前进　吉林省东丰县那丹伯公社两条路线斗争历史调查报告	1969年2月22日第5版
274	革命没有到头　斗争还在继续	1969年7月14日第4版
275	深入进行农村两条道路斗争的教育——浙江德清县下高桥大队的调查报告	1969年9月15日第1版
276	社会主义是俺贫下中农的靠山	1969年10月20日第5版
277	人利大队狠抓活学活用毛泽东思想群众运动　坚持开好讲用会　广大群众反映:讲用出先进,讲用出成果;讲用会,具体生动,最有说服力,最能教育人	1969年12月17日第1版
278	迎着阶级斗争风浪勇往直前——记广西新平大队党支书赵善创带领群众与天斗与地斗　与阶级敌人斗的事迹	1970年1月17日第5版
279	驳'吃粮靠集体,花钱靠自己'	1970年1月26日第4版
280	这笔账怎么算	1970年1月26日第4版
281	我国社会主义农业的发展道路	1970年2月3日第2版
282	五年间的巨大变化——安徽萧县郭庄大队的调查报告	1970年3月18日第2版
283	大寨在不断前进	1970年8月25日第1版
284	武家坪大队在学大寨的道路上	1970年10月28日第2版
285	在毛主席革命路线指引下奋勇前进	1971年10月17日第1版
286	我们应当相信群众　我们应当相信党——重读《中国农村的社会主义高潮》的序言和按语	1972年1月8日第2版
287	农村大有作为——记回乡知识青年乔丰旺同群众一起建设社会主义新农村的事迹	1972年1月30日第4版
288	读书　调查　解决问题	1972年6月27日第3版

续表

序号	标题	版次
289	摆清事实 讲明道理 分清是非——淮安县流均公社是怎样进行路线教育的?	1972年8月20日第1版
290	农村斗争生活的画卷——评长篇小说《金光大道》	1972年10月28日第4版
291	家底厚也要勤俭办医	1972年12月16日第2版
292	代表群众才能教育群众——河南省西平县师灵公社朱庄大队党支部是怎样实行民主办社的	1973年1月3日第4版
293	七里营在飞跃	1973年8月6日第1版
294	从红卫兵成长起来的好干部——记河南省项城县回乡知识青年、共青团河南省委副书记赵云英	1973年8月17日第2版
295	组织起来的道路越走越宽广	1973年8月18日第2版
296	九万大山更好看——记乔善公社建设山区的事迹	1973年8月18日第2版
297	林彪幻想变天，真是痴心妄想	1973年9月13日第4版
298	林彪是无产阶级专政的可耻叛徒	1973年9月20日第2版
299	不抓大事不行——扶余县立新大队坚持十年看书学习，坚定地走社会主义道路的调查	1973年10月27日第2版
300	党的基本路线是劳动人民的生命线——广东琼海县泮水公社东山大队进行基本路线教育纪实	1973年11月21日第3版
301	翻身农奴永远跟党走	1973年11月29日第3版
302	"辽中洼"的一曲凯歌——记辽宁辽中县人民在毛主席革命路线指引下大办农业的胜利斗争	1973年12月7日第3版
303	针锋相对，寸土必争——山西屯留县抓大事促大干的三年	1973年12月11日第3版
304	开倒车的人决没有好下场	1974年2月7日第3版
305	他能多看几着棋——江阴县华西大队党支部书记吴仁宝同志带领群众学大寨十年	1974年3月12日第3版
306	必胜之路	1975年1月5日第1版

续表

序号	标题	版次
307	和第三世界国家和人民团结战斗在一起	1975年1月31日第6版
308	欲盖弥彰	1975年2月3日第6版
309	学习无产阶级专政理论　搞好反修防修斗争	1975年2月19日第1版
310	加强思想文化领域里的无产阶级专政	1975年2月26日第2版
311	林彪一伙喊叫"民富"用心何在	1975年4月4日第2版
312	接到群众来信以后	1975年4月23日第3版
313	分析好　大有益——茂名市白土大队党支部学习理论，分析小生产产生资本主义的问题	1975年4月27日第2版
314	用无产阶级专政理论教育农民——学习《论人民民主专政》的一点体会	1975年5月14日第2版
315	我们是怎样学习无产阶级专政理论的？	1975年5月19日第3版
316	坚定地走社会主义道路	1975年6月13日第2版
317	培养一代具有共产主义觉悟的新农民——大寨大队联系实际学习无产阶级专政理论的调查	1975年6月23日第1版
318	搞好农村的社会主义革命——纪念《关于农业合作化问题》发表二十周年	1975年8月3日第2版
319	时刻关心贫下中农——湖南湘潭县清风大队党支部帮助社员解决困难的经验	1975年8月9日第3版
320	走社会主义共同富裕的道路	1975年8月9日第3版
321	改造小生产是无产阶级专政的一项长期任务——学习毛主席《关于农业合作化问题》的一点体会	1975年8月17日第2版
322	正确处理国家、集体、个人之间的关系——福建浦城县石陂公社堠尾大队总结抓粮食分配工作的经验	1975年8月18日第2版
323	加快山区建设的一条好路子	1975年8月18日第2版
324	"穷棒子"精神传后代——西铺大队党支部培养无产阶级革命事业接班人的事迹	1975年8月20日第4版

续表

序号	标题	版次
325	巨大的潜力所在	1975年8月28日第3版
326	用辩证的观点看待按劳分配——记浙江省江山县红星大队的一堂理论辅导课	1975年9月3日第3版
327	路线正 人心齐 泰山移——江苏省江阴县华西大队党支部领导农业学大寨运动的调查	1975年9月5日第3版
328	一个学大寨的先进集体	1975年9月5日第3版
329	在庆祝西藏自治区成立十周年大会上 天宝同志的讲话	1975年9月10日第2版
330	从封建农奴制到社会主义的伟大变革	1975年9月11日第1版
331	推广大寨经验的重要一环——中共宁夏回族自治区吴忠县委做好后进队转化工作的经验	1975年9月21日第2版
332	认真总结农业学大寨的经验	1975年10月4日第1版
333	希望就在这里——全国农业学大寨会议讨论发展社队企业、壮大集体经济的问题	1975年10月17日第1版
334	大地生辉	1975年10月27日第1版
335	坚持无产阶级专政 深入开展卫生革命	1975年11月18日第1版
336	学习理论，反修防修，走共同富裕的道路——吉林省永吉县阿拉底大队学理论促进学大寨运动的调查	1975年12月12日第3版
337	夸夸我们的学习辅导员	1976年1月5日第3版
338	政治挂了帅 旧貌变新颜——甘肃省礼县崖城公社抓后进队转化工作的调查	1976年1月19日第3版
339	秤锤是怎样上翘的	1976年1月21日第3版
340	抓住阶级斗争这个纲，一年大变样——北京市顺义县农业学大寨的经验	1976年2月11日第3版
341	以阶级斗争为纲 办好合作医疗 把群众性的医疗卫生工作办好——关于农村医疗卫生制度的讨论（一〇四期）	1976年2月25日第3版
342	学习无产阶级专政理论运动不容破坏	1976年3月9日第2版

续表

序号	标题	版次
343	决不许翻文化大革命的案	1976年3月11日第1版
344	保卫社会主义红色江山	1976年4月13日第5版
345	永远跟着毛主席干革命	1976年4月16日第2版
346	马克思主义的光辉普照西藏高原	1976年5月30日第1版
347	读恩格斯的一则《自白》	1976年7月23日第2版
348	泰山脚下红旗如画——山东泰安县批邓、反击右倾翻案风见闻	1976年8月15日第3版
349	一定要限制　一定能限制	1976年8月16日第3版
350	红太阳永照大寨路	1976年9月12日第8版
351	毛主席的光辉批示永远指引我们战斗	1976年9月26日第1版
352	毛主席的恩情比山高比海深	1976年9月28日第2版
353	学习毛泽东思想　将革命进行到底——辽宁省海城县范家大队党总支决心以实际行动继承毛主席的遗志	1976年10月4日第3版
354	土族儿女永远忠于毛泽东思想	1976年10月17日第2版
355	排除"四人帮"的干扰　加速普及大寨县——中共广西壮族自治区委员会书记杜易在第二次全国农业学大寨会议上的发言（摘要）	1976年12月29日第3版
356	四个现代化与无产阶级专政——彻底批判"四人帮"反对四个现代化的滔天罪行	1977年3月12日第2版
357	读毛主席的书　走社会主义的路	1977年4月16日第3版
358	学习《毛泽东选集》第五卷参考资料7	1977年6月15日第3版
359	发扬合作化时期的革命精神　加速普及大寨县	1977年6月21日第1版
360	学习《毛泽东选集》第五卷参考资料10	1977年6月28日第3版
361	驳姚文元按劳分配产生资产阶级的谬论	1977年8月9日第3版
362	多考虑大事	1977年9月6日第3版

续表

序号	标题	版次
363	毛主席的旗帜是西藏革命的胜利旗帜——纪念伟大的领袖和导师毛主席逝世一周年	1977年9月23日第2版
364	毛主席给我们指明了发展农业的道路	1977年10月20日第2版
365	关心群众生活　做到增产增收	1977年10月22日第1版
366	喜庆丰收	1977年12月9日第5版
367	坚持按劳分配的社会主义原则	1978年2月27日第3版
368	一个农业高速度发展的大队——从安丘县石家庄大队的变化看农业机械化	1978年3月20日第3版
369	定额管理不搞不行——新乡地区部分干部访问记	1978年4月22日第2版
370	贯彻执行按劳分配的社会主义原则（特约评论）	1978年5月5日第1版
371	资阳县书记动手，干部带头，广泛发动群众狠抓农村财务管理　刹住"乱三支"歪风	1978年5月14日第2版
372	分清路线是非　搞好定额管理——宿迁县井头公社的调查	1978年6月24日第2版
373	从山东农田基建会战看政策问题	1978年6月29日第2版
374	落实党的政策非批假左真右不可　安徽滁县地区落实农村经济政策的一条重要经验	1978年7月6日第2版
375	"金桥"架到了唐古拉	1978年8月8日第4版
376	马克思主义者怎样看待物质利益（特约评论）	1978年9月12日第1版
377	毛主席和人民群众心连心——缅怀毛主席关怀人民来信来访的光辉实践	1978年9月13日第3版
378	中国工人阶级新的伟大历史使命——在中国工会第九次全国代表大会上的工作报告（一九七八年十月十二日）	1978年10月16日第1版
379	农业要快上必须批假左真右	1978年11月1日第2版
380	解放思想，加快新疆的建设速度	1978年11月4日第2版

续表

序号	标题	版次
381	农副工结合的道路越走越宽广——访江苏省吴县枫桥公社	1978年11月28日第1版
382	群众创造了加快发展养猪事业的经验 广西实行交售一头可自宰一头的办法,北京通县三个大队实行"公有分养"的办法,调动了广大社员的积极性,推动了养猪事业的发展	1978年11月29日第3版
383	一部分先富裕和共同富裕	1979年4月15日第2版
384	怎样快速发展? 共同富裕不是平均富裕	1979年12月18日第2版
385	走上共同富裕的大道——偃师县一个大队的农、工、副三业结合	1980年2月27日第8版
386	联合社队 共同富裕——重庆市长江农工商联合公司的一条重要经验	1980年6月20日第3版
387	场社团结 共同富裕	1980年8月6日第2版
388	"银行给咱当'红娘',联合带来钱和粮"农业银行宝坻县支行帮助一个富队和两个穷队合办纸盒厂,使三个队共同富裕,受到社员称赞	1980年10月24日第1版
389	是两极分化,还是共同富裕?——江西宜春县五个生产队的调查	1981年1月6日第2版
390	巢庄踏上共同富裕之路	1981年4月24日第2版
391	不是两极分化,而是共同富裕	1981年8月4日第5版
392	吴桥县农村集资办联合体效果好 一万二千户社员自愿组成三千一百个经济联合体,有利于共同富裕	1981年10月25日第1版
393	烽火大队科学管理好 共同富裕节节高(管理井井有条,农林牧副工全面发展,向国家多贡献,集体经济不断壮大,已建成一个崭新村庄、有商店、中小学校、幼儿园、邮电所、俱乐部、医疗站、自来水站等,初步形成一个新型农村城镇)	1982年1月23日第1版

续表

序号	标题	版次
394	各族农民团结互助共同富裕 手挽手地改变贫穷面貌	1982年1月24日第2版
395	情同手足 亲如家人	1982年1月24日第2版
396	陇川农场热心帮助少数民族队	1982年1月24日第2版
397	共同富裕是她的心愿——记养兔能手胡火红	1982年2月13日第2版
398	包干到户后想着农民共同富裕吉河区组织干部、党员帮助困难户	1982年3月14日第2版
399	农业生产责任制使分界公社出现新气象 一百多户困难户有饭吃有钱花 交回"扶贫证"走共同富裕道路	1982年5月17日第1版
400	扶贫到户 共同富裕	1983年2月3日第2版
401	社会主义共同富裕的几个问题	1983年8月15日第5版
402	党员要带领群众走共同富裕的道路——湖南省汉寿县朱家铺公社开展党员联系户活动的调查	1983年9月5日第3版
403	发扬互助精神 走共同富裕之路 咬马大队建立"济贫储金会"	1983年11月6日第2版
404	促进农村商品生产 带动农民共同富裕 今年我国农村专业户重点户发展迅速 总数达一千五百多万户，约占农户总数的10%	1983年12月12日第1版
405	让受益区和淹没区共同富裕 烟台市水库移民工作做得好	1984年4月29日第2版
406	坚持共同富裕原则 赵县县领导充当"红娘"富户穷户结对子 践踏尊师重教美德 伊川两干部摧残"园丁"党纪国法皆难容（今日首都和各省市区报纸要目）	1985年3月21日第3版
407	苏南与苏北携手 富县同穷县挂钩 江苏搞南北对话共同富裕 生产合消费需要 肥肉向瘦肉转变 铜梁养瘦肉型猪收入大增（今日首都和各省市区报纸要目）	1985年4月8日第3版

续表

序号	标题	版次
408	因人制宜　分类指导　具体帮助　共同富裕　武邑县帮助有困难农民走上致富路	1985年4月21日第2版
409	为了姐妹们共同富裕	1985年8月17日第5版
410	东西联合是东西部共同富裕之路	1985年8月19日第5版
411	为了大伙共同富裕——记余店乡孙庄村共产党员马希孔	1985年10月29日第4版
412	彝族女党员陈少芝带领群众共同富裕　她说，共产党员好比火车头，要是甩掉了群众，也就谈不上发挥先锋模范作用	1985年11月11日第4版
413	中指委办公室为《河北省蠡县辛兴村调查》发表按语　在领导群众治穷致富中发挥先锋模范作用　各地在整党中要大力表彰为实现共同富裕作出贡献的优秀农村党员	1986年1月7日第1版
414	中指委赞扬郑长禄带领群众共同富裕并要求党员　发扬全心全意为人民服务和愚公移山精神　吉林省委号召全省人民向优秀党员郑长禄、牛天举学习	1986年1月20日第1版
415	先富后富和共同富裕（在中央农村工作会议上的讲话的一部分）	1986年1月27日第1版
416	吃苦在前　享受在后　全心全意为人民服务　上台子村党员干部带领群众共同富裕	1986年2月20日第4版
417	顾全局利益　红石林业局立规　禁烧好料　从炉膛里救出有用材　盼共同富裕　邻水专业户办学　面授妙法　在智力上帮助周围人	1986年3月9日第3版
418	农民收入的差距和共同富裕的目标——三万农户家庭经济调查综述	1986年4月11日第5版
419	有部分先富才有共同富裕	1987年7月9日第1版
420	"穷帮穷"共同富裕　延安吕梁建立经济协作关系	1987年11月25日第2版

续表

序号	标题	版次
421	邓小平会见莫伊时说 建立国际经济新秩序符合各国利益 共同富裕是社会主义制度不可动摇的原则	1988年10月6日第1版
422	农工一体 共同富裕	1990年2月12日第6版
423	加强经济协作 促进共同富裕 广东开展"富帮穷"活动	1991年4月8日第1版
424	壮大集体经济 实现共同富裕	1991年7月12日第5版
425	以按劳分配为主体 走共同富裕道路——七论建设有中国特色的社会主义	1991年12月16日第5版
426	为发展商品生产立功 为实现共同富裕铺路 吉林农村党员争做立功铺路先锋	1992年1月10日第3版
427	着眼农村全面发展 努力实现共同富裕 焦作"小康村"建设卓有成效	1992年1月15日第2版
428	高天代表民盟中央在政协大会上发言 东西协调发展 实现共同富裕	1992年3月26日第4版
429	苏州大兴外向型经济,解放和发展了生产力,人民群众踏上共同富裕之路。他们的实践说明——对外开放姓"社"不姓"资"	1992年4月11日第2版
430	沿海与内地实现共同富裕的新尝试——关于苏陕干部交流的调查	1992年4月26日第3版
431	逐步实现共同富裕	1992年6月19日第5版
432	李先念同志生前关心扶贫工作并题词 扶贫济困 共同富裕	1992年6月26日第1版
433	焦作开展创建"小康村"活动 鼓励农民壮大集体经济共同富裕	1992年9月23日第4版
434	纪念建党七十二周年座谈会发言摘要 共同富裕是我们的奋斗目标	1993年6月27日第3版
435	四位非公有制企业政协委员答记者问 爱国敬业守法 走共同富裕道路	1994年3月19日第2版
436	缩小区域经济差异 实现共同富裕目标	1994年3月28日第5版

续表

序号	标题	版次
437	宋平与华西村党员座谈时指出 要时刻想着实现共同富裕	1994年7月2日第4版
438	江苏区域经济协调发展 南北挂钩对口协作共同富裕	1994年9月27日第1版
439	扶持老少边穷地区实现共同富裕 全国支援经济不发达地区发展资金使用成果展示会开幕 李鹏题词	1994年10月27日第4版
440	加速发展达到共同富裕的捷径	1994年12月16日第5版
441	加强思想政治建设是拒腐防变根本措施（要解决好世界观人生观问题，帮助干部党员处理好三个关系：一是改革创新与继承优良传统的关系，二是对外开放中吸收和抵制的关系，三是先富与共同富裕的关系。李鹏 李瑞环 刘华清 胡锦涛等领导同志出席会议）	1995年1月24日第1版
442	农牧结合 共同富裕	1995年3月25日第3版
443	陈俊生在乡镇企业东西合作会议上强调抓住机遇缩小差距共同富裕	1995年4月23日第2版
444	转变扶贫观念 实现共同富裕	1995年5月18日第9版
445	发挥各自优势 实现共同富裕	1995年6月22日第9版
446	坚持共同富裕的发展观	1995年6月22日第9版
447	共同富裕排头兵——记新乡县中街村党支部书记杜天贞	1995年9月12日第10版
448	深圳探索共同富裕之路 向受灾贫困地区捐款贷款数亿扶持百余项目	1996年1月7日第1版
449	扶贫帮困 共同富裕——五谈学习贯彻《纲要》	1996年4月18日第1版
450	先富带动和帮助后富 实现全社会共同富裕（学习贯彻十四届五中全会精神）	1996年5月21日第9版
451	共同富裕思想在福建农村的实践	1996年11月28日第9版
452	维护社会稳定 促进共同富裕 建湖建立农民最低生活保障制度	1997年1月2日第3版

续表

序号	标题	版次
453	走共同富裕大道（部分全国人大代表、全国政协委员学习座谈江泽民同志在邓小平同志追悼大会上的悼词〈二〉）	1997年2月28日第2版
454	坚持共同富裕的社会主义原则（认真学习邓小平建设有中国特色社会主义理论）	1997年3月25日第9版
455	为了共同富裕	1997年5月4日第9版
456	共同富裕思想有四个传统性突破	1997年5月24日第6版
457	湖南黄垅新村走少生快富共同富裕道路 坚持人口与经济协调发展	1997年7月11日第5版
458	《华夏第一县共同富裕之路探索》	1998年7月11日第5版
459	为了村民的共同富裕——记山东省优秀共产党员刘德平	1998年11月24日第11版
460	依托市场经济走向共同富裕——山东省临沂市实现整体脱贫的实践及启示	1998年12月31日第9版
461	发扬传统美德 促进共同富裕 光彩事业 前程远大 王兆国同志答本报记者问	1999年4月15日第12版
462	王兆国在纪念光彩事业五周年暨农业产业化经营研讨会上指出 非公有制经济人士要为共同富裕作出更大贡献	1999年4月29日第3版
463	正确认识共同富裕	1999年12月21日第9版
464	江泽民为光彩事业题词	2000年4月19日第1版
465	光彩事业促进会二届一次理事会召开	2000年4月19日第3版
466	宋世敏：走共同富裕之路	2000年10月17日第11版
467	坚定不移地走共同富裕之路	2001年7月19日第5版
468	为了父老乡亲共同富裕	2001年8月15日第1版
469	为什么党员干部必须正确处理好先富与后富、个人富裕与共同富裕的关系？	2001年8月16日第1版
470	以创业带动就业 实现共同富裕	2001年12月5日第5版

续表

序号	标题	版次
471	共同富裕看浙江	2002年10月31日第1版
472	"加减乘除"谋发展	2004年8月1日第4版
473	老百姓共同富裕是我最大的快乐	2004年9月30日第5版
474	以共同富裕思想和战略指导发展实践（观察与思考）	2004年10月26日第9版
475	由井盖问题说开去之三 井盖与共同富裕（经济时评）	2004年12月15日第6版
476	奏响山海相连协进曲（落实科学发展观·转变经济增长方式·区域协调篇）	2005年11月10日第2版
477	贾庆林会见全国政协山西革命老区视察团	2006年5月25日第1版
478	以共同富裕促进社会和谐	2006年6月26日第9版
479	为了共同富裕	2007年6月1日第12版
480	搞好扶贫开发 促进共同富裕（干部说干事）	2007年7月6日第9版
481	镇江市"双清双美"变化可喜 长沙县"优选村官"共同富裕（科学发展 共建和谐）	2007年7月22日第1版
482	没有改革开放，就没有共同富裕（说句心里话）	2007年11月27日第4版
483	《制度创新与共同富裕》出版	2008年2月17日第8版
484	为带领家乡的乡亲走共同富裕道路，他带着全部资金回到家乡 "能人"李彬的惠农情结	2008年5月4日第15版
485	努力实现城乡经济共同繁荣、城乡居民共同富裕（互动天地）	2008年11月26日第7版
486	走好共同富裕路（党员干部学沈浩）	2010年1月13日第4版
487	促进共同富裕的伟大社会实践	2010年9月1日第5版
488	共同富裕与中国特色社会主义理论研讨会举行	2011年6月26日第4版
489	坚定不移走共同富裕道路（热点追踪）	2011年9月5日第7版
490	《二〇三〇中国：迈向共同富裕》（新书架）	2011年11月24日第7版
491	广东 大扶贫带来大变化	2011年11月26日第1版

续表

序号	标题	版次
492	重庆探索共同富裕（人民观察）	2012年1月9日第1版
493	探索共同富裕的改革发展之路（信息快递）——缩小三个差距 促进共同富裕"座谈会述要"	2012年1月10日第7版
494	"我们认准了共同富裕这条道"（新春走基层 新风扑面来）	2012年2月8日第1版
495	明确奋斗目标 实现共同富裕	2012年2月21日第2版
496	党的十八大报告提出，着力解决收入分配差距较大问题，使发展成果更多更公平惠及全体人民，朝着共同富裕方向稳步前进 收入分配制度改革亟待深化（观点）	2012年11月19日第17版
497	习近平到河北阜平看望慰问困难群众时强调把群众安危冷暖时刻放在心上 把党和政府温暖送到千家万户 习近平强调，消除困难、改善民生、实现共同富裕，是社会主义的本质要求。对困难群众，我们要格外关注、格外关爱、格外关爱，千方百计帮助他们排忧解难	2012年12月31日第1版
498	把握共同富裕的几个问题（学者论坛）	2013年3月1日第7版
499	切实贯彻共同富裕的根本原则和要求（学习十八大报告 贯彻十八大精神）	2013年4月22日第7版
500	发展起来才有共同富裕（经济透视）	2014年7月14日第22版
501	筑牢民族团结路文明进步路共同富裕路	2014年9月29日第12版
502	消除贫困 改善民生 实现共同富裕——七省区市贯彻落实习近平总书记重要讲话精神，加大力度推进扶贫开发工作	2015年7月25日第4版
503	实现农民共同富裕的制度保障（政策解读·深化农村改革综合性实施方案解读）	2015年11月3日第7版
504	促进先富帮后富实现共同富裕	2016年10月14日第3版
505	稳步推进东西部扶贫协作（治理之道）	2017年7月13日第7版
506	共同富裕路上 一个不能掉队（倾听）	2017年10月27日第9版

续表

序号	标题	版次
507	发展生产脱贫一批 安徽长丰县青峰岭村 家有产业 这里脱贫提了速（共同富裕路上 一个不能掉队）	2017年10月27第9版
508	生态补偿脱贫一批 山西大宁县白村 栽树扶贫 长远眼前都合算（共同富裕路上 一个不能掉队）	2017年10月27第9版
509	技术到手 职教学生有奔头（共同富裕路上 一个不能掉队）	2017年10月27第9版
510	挣一个月 能抵过去一整年（共同富裕路上 一个不能掉队）	2017年10月27第9版
511	政策暖心老来生活比蜜甜（共同富裕路上 一个不能掉队）	2017年10月27第9版
512	促进人的全面发展、全体人民共同富裕（经济热点·新时代看新发展）	2017年11月20日第17版
513	"共同富裕之路，我们永不会变"（最美基层干部）	2018年4月24日第6版
514	习近平出席中非领导人与工商界代表高层对话会暨第六届中非企业家大会开幕式并发表主旨演讲	2018年9月4日第1版
515	促进残疾人全面发展和共同富裕（社论）——热烈祝贺中国残疾人联合会第七次全国代表大会开幕	2018年9月15日第1版
516	探路全面小康 致力共同富裕	2019年8月29日第12版
517	朝着共同富裕的目标稳步前行	2021年1月2日第2版
518	"必须更加注重共同富裕问题"（评论员观察）	2021年2月9日第7版
519	让共同富裕的道路越走越宽广（深入学习贯彻习近平新时代中国特色社会主义思想）——习近平总书记倡导推动的闽宁对口扶贫协作的实践启示	2021年2月24日第9版
520	运用系统方法推进共同富裕（发言席）	2021年3月9日第12版

续表

序号	标题	版次
521	为促进全体人民共同富裕而努力（和音）	2021年3月26日第3版
522	高质量发展建设共同富裕示范区（"十四五"，我们这样开局起步）	2021年4月2日第1版
523	全体人民共同富裕的现代化（解析中国式现代化）	2021年4月9日第9版
524	全体人民共同富裕的现代化　坚定不移走共同富裕道路（人民观察）	2021年4月9日第9版
525	全体人民共富裕的现代化　让发展成果更多更公平惠及全体人民（思想纵横）	2021年4月9日第9版
526	浙江南浔：走出特色鲜明的共同富裕新路子	2021年4月22日第14版
527	共同富裕路上的坚实一大步（感悟初心）	2021年4月30日第6版
528	高质量发展建设共同富裕示范区	2021年5月16日第8版
529	浙江南浔　建设共同富裕美好家园	2021年6月10日第15版
530	中共中央国务院关于支持浙江高质量发展建设共同富裕示范区的意见	2021年6月11日第1版
531	支持浙江高质量发展建设共同富裕示范区　为全国扎实推动共同富裕提供省域范例	2021年6月11日第6版
532	共同富裕示范区这么建（政策解读）	2021年6月11日第6版
533	中共中央国务院关于支持浙江高质量发展建设共同富裕示范区的意见	2021年6月11日第9版
534	专家学者在清华大学研讨"共同富裕县域城市标准"	2021年6月21日第11版
535	游客多了，讲解员都忙不过来	2021年6月21日第7版
536	国网浙江电力　助力浙江高质量发展建设共同富裕示范区	2021年6月22日第14版
537	朝着共同富裕方向稳步前进（人民时评）	2021年6月23日第5版
538	扎实推动高质量发展建设共同富裕示范区（声音）	2021年7月9日第5版

续表

序号	标题	版次
539	事关全局的探路示范	2021年8月1日第1版
540	扎实推进共同富裕示范区建设	2021年8月2日第13版
541	城乡携手 共同富裕并肩行	2021年8月3日第1版
542	勤劳织就共同富裕图景（现场评论）	2021年8月5日第7版
543	在高质量发展中促进共同富裕 统筹做好重大金融风险防范化解工作	2021年8月18日第1版
544	更好助力扶弱济困促进共同富裕	2021年9月6日第2版
545	高质量推进共同富裕示范区建设（专题深思）	2021年9月17日第9版
546	国际社会积极评价中国在高质量发展中促进共同富裕	2021年9月28日第3版
547	如何理解促进共同富裕的重大意义	2021年10月8日第10版
548	深刻理解共同富裕是社会主义的本质要求	2021年10月11日第10版
549	共同富裕是中国式现代化的重要特征	2021年10月12日第10版
550	促进全体人民共同富裕是一项长期任务（人民论坛）——在高质量发展中促进共同富裕	2021年10月12日第4版
551	既要"富口袋"也要"富脑袋"（人民论坛）	2021年10月13日第3版
552	扎实推动共同富裕	2021年10月16日第1版
553	保护合法致富 鼓励回报社会（人民论坛）	2021年10月18日第4版
554	既要尽力而为也要量力而行（人民论坛）	2021年10月19日第4版
555	在共同富裕中实现精神富有（声音）	2021年10月22日第5版
556	共同富裕要靠共同奋斗（人民论坛）——在高质量发展中促进共同富裕	2021年10月29日第4版
557	基本经济制度探索与共同富裕道路（庆祝中国共产党成立100周年专论）	2021年11月4日第9版
558	在高质量发展中促进共同富裕	2021年11月10日第13版
559	理解共同富裕的丰富内涵和目标任务	2021年11月11日第12版

续表

序号	标题	版次
560	如何理解共同富裕自古以来就是中国人民的夙愿	2021年11月12日第11版
561	共同富裕要"积小胜为大胜"（人民论坛）	2021年11月19日第4版
562	强化党建引领　带动共同富裕	2021年11月23日第11版
563	建设美丽乡村　共享美好生活（扎实推进共同富裕）	2021年11月29日第6版
564	技能在手　致富有路（扎实推进共同富裕）	2021年11月30日第2版
565	以开放促振兴　带动共同富裕（2021中国品牌论坛）	2021年12月2日第12版
566	从"共"字看扎实推进共同富裕	2021年12月9日第1版
567	美丽城镇建设助力共同富裕（治理者说）	2021年12月15日第5版
568	湖北江陵积极推进乡村产业振兴　村联村共建手拉手致富（扎实推进共同富裕）	2021年12月30日第2版
569	贵州推进易地扶贫搬迁后续扶持　就业门路广增收底气足（扎实推进共同富裕）	2022年1月11日第3版
570	抓住为人民谋幸福的着力点（专题深思）	2022年1月11日第9版
571	福州鱼丸用上定西"山药蛋"（扎实推进共同富裕）	2022年1月12日第7版
572	浙江杭州推出"民生直达"平台　数字化护航民生添保障（扎实推进共同富裕）	2022年1月13日第2版
573	广东茂名有序推进分级诊疗"钱花得少，照样治得好"（扎实推进共同富裕）	2022年1月14日第6版
574	在高质量发展中促进共同富裕（深入学习贯彻习近平新时代中国特色社会主义思想）	2022年1月14日第9版
575	公共政策研究中心、共同富裕研究中心在京成立	2022年1月17日第11版
576	扎实促进共同富裕	2022年1月19日第9版
577	深刻理解共同富裕奋斗目标（专题深思）	2022年1月19日第9版

续表

序号	标题	版次
578	检察助力共同富裕示范区发展建设	2022年1月20日第5版
579	河南近六年累计培训新型高素质农民超三十九万名　培训有实招　致富有底气（扎实推进共同富裕）	2022年1月28日第12版
580	正确认识和把握实现共同富裕的战略目标和实践途径（人民观点）	2022年2月7日第5版
581	福建武平县发展象洞鸡产业助农增收　林间有了养殖产业链（扎实推进共同富裕）	2022年2月11日第15版
582	推动更多低收入群体跨入中等收入行列	2022年2月18日第2版
583	实现共同富裕要循序渐进（人民论坛）	2022年2月22日第4版
584	朝着共同富裕的目标扎实前进（人民论坛）	2022年2月27日第4版
585	在高质量发展中促进共同富裕（奋进强国路·总书记这样引领中国式现代化）	2022年3月1日第1版
586	坚持辩证思维，推进共同富裕（现场评论）	2022年3月2日第5版
587	朝着共同富裕目标砥砺奋进（潮头观澜）	2022年3月3日第7版
588	切实把握为人民谋幸福的着力点　促进全体人民共同富裕（专题深思）	2022年3月14日第6版
589	金融支持浙江高质量发展建设共同富裕示范区	2022年3月23日第10版
590	扎实推进共同富裕（专题深思·深刻认识和把握"十个明确"）	2022年4月8日第9版
591	正确认识和把握实现共同富裕的实践途径	2022年5月11日第13版
592	浙江省长兴县以科技人才，科技项目为纽带，把创新要素汇聚到乡村、企业　科技创新助力共同富裕（创新故事）	2022年5月16日第19版
593	浙江扎实推进共同富裕示范区建设	2022年5月19日第1版
594	浙江扎实推进共同富裕示范区建设	2022年5月19日第3版
595	杭州：朝着共同富裕目标奋楫前行	2022年5月19日第8版

续表

序号	标题	版次
596	萧山　为浙江高质量发展建设共同富裕示范区先行探路	2022年5月19日第11版
597	富阳　争当高质量发展建设共同富裕示范区的"实践高地"	2022年5月19日第13版
598	临平　绘制共同富裕美好图景	2022年5月19日第14版
599	吴兴　争当共同富裕示范区建设"模范生"	2022年5月19日第16版
600	绍兴越城：探索共同富裕新路径	2022年5月19日第17版
601	扎实推动共同富裕高峰论坛在杭州举行	2022年5月21日第4版
602	推动共同富裕取得更为明显的实质性进展	2022年5月21日第5版
603	勇当高质量发展推动共同富裕的先行探路者	2022年5月21日第5版
604	为促进共同富裕提供良好舆论环境	2022年5月21日第5版
605	在高质量发展中扎实推动共同富裕	2022年5月21日第6版
606	从五个方面扎实推动共同富裕	2022年5月21日第6版
607	深刻领会共同富裕的科学指引	2022年5月21日第6版
608	认识把握共同富裕的科学内涵	2022年5月21日第6版
609	推动共同富裕　答好时代课题	2022年5月22日第5版
610	为推动共同富裕提供省域范例	2022年5月22日第5版
611	浙江　稳健起步扎实开局	2022年5月22日第5版
612	在高质量发展中扎实推动共同富裕	2022年5月22日第6版
613	准确把握深刻内涵　讲好共同富裕故事	2022年5月22日第6版
614	紧扣四大战略定位　扎实推动共同富裕	2022年5月22日第6版
615	不断提高发展质量　夯实共同富裕基础	2022年5月22日第6版
616	优势资源互补　促进农民农村共同富裕	2022年5月22日第6版
617	提升发展质量　推动共同富裕	2022年5月23日第11版
618	全面深化改革　推动共同富裕	2022年5月23日第11版

续表

序号	标题	版次
619	绿水青山就是金山银山,共同富裕路上我们继续奋斗（践行嘱托十年间）	2022年6月3日第1版
620	感受共同富裕的发展魅力（读懂中国）	2022年6月4日第3版
621	助力乡村一起向未来	2022年6月5日第2版
622	加快经济社会高质量发展　推进共同富裕（调查研究　凝聚共识）	2022年6月10日第11版
623	汪洋出席"扎实推动共同富裕"调研协商座谈会	2022年6月16日第1版
624	让各族群众都过上好日子,促进各民族共同富裕（践行嘱托十年间）	2022年6月21日第2版
625	扩大中等收入群体　扎实推进共同富裕（调查研究　凝聚共识）	2022年6月21日第13版
626	绍兴嵊州：在建设共同富裕的道路上跑出"加速度"	2022年6月21日第13版
627	续写东西部协作"山海情",推动实现共同富裕（践行嘱托十年间）	2022年6月26日第2版
628	以数字经济助力农业增效农民增收（新知新觉）	2022年7月7日第9版
629	推动共同富裕不断取得成效	2022年7月27日第11版
630	文化发展助力共同富裕（调查研究　凝聚共识）	2022年8月17日第11版
631	深刻把握促进共同富裕的基本精神和实践要求（深入学习贯彻习近平新时代中国特色社会主义思想）	2022年8月23日第11版
632	浙江在高质量发展中奋力推进共同富裕（中国这十年·系列主题新闻发布）	2022年8月31日第2版
633	探索可持续发展的共同富裕路	2022年9月1日第13版
634	走进独龙江畔,从边陲山乡的沧桑巨变中,触摸网络强国建设的强劲脉动——5G覆盖独龙江乡（人民眼·共同富裕）	2022年9月9日第13版

续表

序号	标题	版次
635	巩固和完善农村基本经营制度，走共同富裕之路（乡村振兴一线探访）	2022年9月26日第1版
636	浙江探索山区海岛发展新路（喜迎二十大）	2022年9月26日第1版
637	巩固和完善农村基本经营制度，走共同富裕之路（乡村振兴一线探访）	2022年9月26日第4版
638	浙江淳安下姜村携手邻村迈向共同富裕（喜迎二十大）	2022年10月12日第1版
639	继续扎实推进全体人民共同富裕	2022年10月16日第7版
640	微众银行　发展普惠金融　助力共同富裕	2022年10月19日第20版